UP!
KOREA

UP! KOREA

대한민국의
미래를
준비하기 위한
5가지 포석

업! 코리아

홍용표 · 한준 · 조원빈 · 신범철 · 박지영 · 민세진 지음

도서출판 새빛
AEVIT

차례

4부 안심 Safety UP

5부 신뢰 Trust UP

『UP! KOREA』 — 위기를 넘어, 더 높은 대한민국으로

우리는 지금, 대한민국의 지속 가능성을 가름할 중대한 시험대 앞에 서 있다.

계엄과 탄핵 사태는 우리 사회에 깊은 충격을 안겼고, 정치에 대한 신뢰는 바닥까지 떨어졌다. 보다 근본적이고 구조적인 위기도 우리를 압박하고 있다. 저출생과 고령화는 국가의 미래 성장 동력을 위협하고 있고, 청년층의 일자리 부족과 주거 문제는 사회 전반에 불안감을 드리운다. 국제무대에서는 트럼프 대통령 취임 이후 더욱 거세지는 국제질서의 혼란, 무역 전쟁, 기술 패권 경쟁 속에서 국익을 지켜내야 한다.

동시에 K-콘텐츠와 디지털 혁신을 중심으로 세계가 주목하는 대한민국의 가능성도 그 어느 때보다 크고 역동적이다. 안팎의 어려움 속에서도 대한민국은 포브스가 선정한 '세계 10대 강국' 중 6위를 차지하였다. 경제력과 기술혁신으로 글로벌 경제에서 중요한 위치를 차지하고 있다는 평가를 받았다.

이 역설을 어떻게 이해해야 할까. 지금 대한민국은 한반도 역사상 가장 젊고 힘찬 에너지가 넘치는 나라다. 동시에 대한민국은 세계에서 가장 낮은 출산율을 기록하고 있으며, 가장 빠른 속도로 고령화되고 있는, 이미 늙었는데 더 늙어갈 예정인 나라다.

이처럼 위기와 기회가 공존하는 격동의 시대 속에서, 우리에게 필요한 것은 단기적 처방이 아니라 미래 지향적인 정책 비전이다. 역사를 돌아보면, 우리 국민은 위기 속에서 더 단단해졌다. 위기를 직시하되, 두려워하지 않는다면, 대한민국은 다시 한번 위로 UP! 도약할 수 있다.

왜 우리는 지금 'UP'을 이야기해야 하는가?

「경제사회연구원」은 대한민국이 앞으로 지향해야 할 정책의 핵심 방향으로 『UP! KOREA』를 제안한다.

실패를 두려워하지 않는 도전 정신을 키우고(도전 UP), 희미해져 가는 우리의 자긍심을 밝히며(자부심 UP), 낮아지는 자율과 책임을 높이고(자율성 UP), 불안한 삶을 안정시키며(안심 UP), 단절된 관계를 연결(신뢰 UP)하는 다섯 가지의 'UP'.

이것은 단순한 구호가 아니라 우리 사회의 기반을 튼튼히 하고, 각자의 자리에서 더 건강하고 지속 가능한 대한민국을 만들기 위한 실천적 전략이다.

최근 정치적 풍파를 겪으며 사회 곳곳에서 분열과 대립이 격화되자, 많은 사람들이 '통합'을 시대정신으로 제시한다. 그런데 돌이켜 보면 국민통합의 필요성이 강조된 것은 어제오늘의 일이 아니다.

2017년 탄핵 사태 이후 문재인 대통령은 취임사에서 "진정한 국민통합의 시작"을 약속했다. 하지만 5년 후 퇴임사에서 "더욱 깊어진 갈등의 골의 메우며 국민통합의 길로 나아가야 한다"고 말했다. 약속을 지키지 못했음을 실토한 것이다. 2021년 이재명 민주당 대선 후보는 "편을 가르지 않는 통합의 대통령이 되겠다" 고 말했다. 윤석열 국민의힘 후보 역시 "국민통합의 나라를 만들 겠다"고 강조했다. 그러나 통합은 더 멀어졌다. 무엇이 문제일까?

국민통합은 말로만 이루어지는 것이 아니다. 서로의 차이가 좁아진다고 해서, 갈등이 저절로 사라지는 것도 아니다. 조금씩이나마 분열을 치유하기 위해서는 인식의 차이에도 불구하고 함께 행동할 수 있는 분명한 구심점이 있어야 한다.

정치·세대·지역·이념을 넘어, 이제는 우리가 '함께 앞으로 나가자'는 공감대를 다시 만들어야 할 때이다.

『UP! KOREA』는 그 출발점이 될 수 있다. 그것은 국민 한 사람 한 사람이 자신의 자리에서 '나도 함께한다'고 느낄 수 있는 가치이자 목표이다.

나아가 대한민국이 위기를 극복하고 도약하기 위해서는 시대 상황에 맞게 국가 상태를 능동적으로 바꿀 수 있는 변혁적 리더십이 있어야 한다. 삶의 조건을 개선하고, 지속 가능한 성장을 가능케 하는 제도와 인프라를 미리 구축하기 위한 '포석布石'을 놓아야 한다. 그것이 바로 국민이 기대하는 정치 지도자의 가장 중요한 역할이다.

다섯 개의 'UP'은 대한민국의 미래를 준비하기 위한 포석이다. 차기 대통령은 담대하게 대한민국의 통합과 발전을 위한 돌을 놓고, 미래로 향하는 길을 국민과 함께 설계해야 한다.

도약을 위한 다섯 개의 UP

① 도전 UP - 멈춰선 성장, 다시 움직이기

대한민국의 경쟁력이 흔들리고 있다. 반도체, AI, 제조업 등 주력 산업은 글로벌 흐름에 뒤처지고, 청년들의 진입장벽은 높다. 도전 UP은 이런 구조적 한계를 깨기 위한 전략이다.

전력과 반도체를 기반으로 AI 클러스터를 구축하고, 과학기술과 기초연구를 체계적으로 지원하여 미래산업의 경쟁력을 높여야 한다. 청년 고용의 문을 열고, 포용적 기술혁신으로 성장의 열매를 함께 나누는 사회를 만들어야 한다.

도전이 가능하려면, 사람들은 자신이 속한 공동체에 대해 신뢰하고 자부심을 느낄 수 있어야 한다.

② 자부심 UP - '이 나라에서 살아간다'는 자긍심

사회 전반의 피로감과 불신은 자부심을 무너뜨리고, 자부심 없는 국가는 지속될 수 없다. 자부심 UP은 국민이 다시 대한민국을 믿고 사랑할 수 있도록 하는 출발점이다.

공공부문의 혁신, 실효성 있는 지역 발전, '좋은 이웃'을 강조하는 글로벌 외교 전략을 통해 공동체에 대한 신뢰를 회복하고, 국가 브랜드의 품격을 높이는 것이 핵심이다. 젊은 세대가 공공부문을 기피하지 않고, 지역이 스스로의 가치를 찾아갈 때, 대한민국 전체의 자신감도 다시 올라갈 것이다.

자부심은 시민·지역·기업 등 다양한 주체의 자율과 책임이 존중될 때 높아질 수 있다. 자율성 UP이 필요한 이유이다.

③ 자율성 UP - 규제에서 벗어나 창의성을 높이기

모든 것을 규제하고 통제하려는 시대는 지나갔다. 개인과 조직, 지역과 산업이 스스로 선택하고 책임질 수 있도록 기회를 확대해야 한다.

노동시장 유연화, 고등교육의 자율화, 문화예술의 자유 보장, 청년 자산 형성의 기회 확대를 통해 창의성을 높이고 혁신을 이루어야 한다. 획일적 접근 대신, 다양성과 개방성을 존중하는 구조가 필요하다.

국민이 스스로 자신의 삶과 미래를 계획하고 책임질 수 있으려면, 기본적인 안정감이 보장되어야 한다.

④ 안심 UP - 불안한 삶을 지탱하는 든든한 기반

급변하는 사회 속에서 국민이 안심하지 못하면 변화도 어렵다. 안심 UP은 돌봄 체계, 여성·청년 대상 범죄 대응, 재난관리, 국방개혁 등 다양한 분야에서 불안을 줄이고 신뢰를 키우기 위해 필요하다.

돌봄의 공공화, 고령자·청년 주거 안정, 성범죄·보이스피싱 대응, 재난 대응 시스템 강화, 군대와 국방의 합리적 개혁은 단순한 안전이 아닌, 일상의 지속 가능성을 지켜주는 정책 기반이다.

안심할 수 있는 사회는 구성원 간 신뢰가 전제되어야 가능하며, 그 신뢰는 존중에서 출발한다.

⑤ 신뢰 UP - 함께 살아가는 사회의 조건

존중과 신뢰는 우리 사회가 지향해야 할 근본적인 가치이다. 분열과 혐오, 모욕과 불신이 일상이 되어버린 사회에서는 어떤 혁신도 뿌리 내릴 수 없다.

인권을 정쟁의 도구가 아니라 국민의 삶을 지키는 장치로 되돌리고, 미디어의 책임성과 플랫폼의 윤리를 회복하며, 교사·의료진·경찰 등 공공 서비스 제공자에 대한 보호와 예우를 강화해야 한다. 이민자들을 사회에 잘 융화시키며 저출산·고령화 문제를 보완해야 한다. 아울러 헌법 및 선거제도 개혁을 통해 사회적 다양성과 정치적 책임성을 함께 강화해야 한다.

다시, 함께, UP!

다섯 가지 'UP'은 각각 분리된 것이 아니다. 도전은 자부심에서 나오고, 자부심은 자율 속에서 깨어나며, 자율은 안심을 전제로 하고, 그 모든 기반은 존중과 신뢰로 유지된다.

『UP! KOREA』는 바로 이러한 상호 연결된 정책 구조를 통해 대한민국을 업그레이드하려는 제안이다. 이제 우리는 더 이상 과거를 반복할 수 없다. 계엄과 탄핵의 그림자에서 벗어나, 대한민국을 미래로 도약시키는 전환점을 만들어야 한다.

『UP! KOREA』가 완성된 해답은 아니다. 이것은 대한민국이라는 이름을 다시 당당하게 만들기 위한 여정의 시작이다. 우리는 이미 한강의 기적을 만들었고, 민주화를 이뤘으며, K-컬처를 세계에 알렸다. 그 경험을 바탕으로 또 한 번의 "LEVEL-UP!"이 필요하다.

"아프지만 다시 봄
그래도 시작하는 거야
다시 먼 길 떠나보는 거야"

나태주

요약

1. 도전Challenge UP

- 전력기반 AI 생태계 구축과 첨단 제조업 전환으로 성장동력 확보
- 포용적 기술혁신으로 함께 참여하고 누리는 지속가능한 성장
- 실패를 두려워하지 않는 도전 문화와 청년을 위한 '첫 일자리' 촉진

국가경쟁력이 약화되고, 그 결과 성장의 동력이 줄어들고 있다. 반도체로 이끌던 국가 성장이 기술경쟁력 약화로 활로를 찾지 못하고 있으며 차세대 핵심영역인 AI 분야에서도 자본, 데이터, 인력 면에서 모두 경쟁에 뒤처지고 있다. 대외적으로는 미국과 중국의 기술패권 경쟁으로 공급망이 불안정해지고 있으며 중국 첨단기술과 제조업의 급속한 성장으로 대한민국의 입지가 불안하다.

한국도 AI 산업 위주로 개편이 필요하지만, AI 혁신 경제로의 전환과 성공은 독자의 자본, 데이터, 인력만으로 성공하기에는 한계가 있다. AI와 반도체는 고전력사용이 필수이므로 전력기반의 반도체와 AI 클러스터를 조성하여 경쟁력을 키워야 한다. 강점인 전력과 반도체를 중심으로 AI 생태계를 구축하고 이를 통해 데

이터, 기술, 인력을 유치하여 글로벌 경쟁력을 키워 나갈수 있다. 구조적 한계를 드러내고 있는 제조업 혁신을 위해서는 경쟁력을 상실한 산업의 구조조정과 함께 최첨단 생산설비를 활용하여 Physical AI 생산 기지화하도록 방향 전환이 필요하다. 한국은 비교적 단기간에 고도의 성장을 이루며 국가 전략산업에 대한 우수한 건설 및 안정적 운영 능력을 확보하고 있는 만큼, 에너지, 조선, 국방, 항공우주 등 대규모 인프라가 필요한 산업의 국제경쟁력을 강화하고 활용할 수 있다.

일부가 성장 발전하여 다수를 부양하는 구조는 지속 가능하지 않다. 기술혁신과 경제성장에 함께 참여하고 누릴 수 있도록 해야 한다. 포용적 기술혁신은 단순히 윤리적 당위성을 넘어, 장기적인 경제성장과 사회 안정을 위한 필수적 전략이다. 성장의 기초가 되는 학문에 대한 꾸준한 육성, 인재 육성을 위한 패러다임 전환과 실패를 두려워하지 않는 도전 문화, 창의적 직업에 대한 보상 강화, 글로벌 인재와의 협력은 우리나라의 지속 성장을 가능하게 할 것이다.

과학기술 발전은 기초연구 지원의 강화, 국가 연구개발 제도의 효율성 제고, 미래 기술 대비 전략의 수립을 통해 달성될 수 있다. 기초연구를 위한 첨단 연구 시설과 장비를 갖추어 인프라를 구축하고, 연구자들에게 최적의 연구 환경을 제공하여 기술개발의 효율성을 높이는 것도 중요하다. 미래 기술에 대한 준비를 통해 잠재적인 기술 기회를 발견하고, 이에 대한 연구개발을 선제적으로 추진하기 위해서는 양자, 바이오, 수소 등을 비롯한 다양한 분야에 걸친 연구개발이 지속되고 있어야 한다. 전주기적 접근을 통해 우수한 이공계 인재를 유입하고, 안정적으로 유지하며, 지속적인 성장을 지원할 대책 마련과 함께 이공계 자부심과 긍지를 고취할 수 있는 문화 조성은 국가 과학기술 경쟁력 강화와 혁신 생태계 구축을 위한 핵심 과제이다.

한국 사회는 급격한 고령화로 인해 노동시장에서 중장년층의 지속적인 경제활동이 필수적인 상황에 직면하고 있다. 정년 연장이 이슈이나 이는 필연적으로 세대 갈등의 요소를 갖고 있다. 더구나 한국의 청년 실업률은 경제협력개발기구(OECD) 회원국 중에서도 높은 수준이며, 특히 노동시장 진입의 어려움이 주요 문제로 지적된다. 최근 기업들이 경력직을 선호하는 경향이 강해지면서 무경력 청년층이 첫 일자리를 얻기 어려운 구조적 문제가 심화되고 있다.

'청년 첫 일자리' 촉진을 위해서는 '비정규직 보호법 완화를 통한 비정규직 보호'라는 역발상을 제안한다. 특히 '기간제법'상 기간제 근무를 2년 이내로 제한하는 규정을 완화하면 청년 고용 증가에 도움이 될 것으로 본다.

2. 자부심^{Pride} UP

- 공공부문 개혁을 통한 자부심 제고로 사회적 활력과 혁신 촉진
- 실패한 지역균형 발전 폐기와 특성별 집중 지원으로 지역 격차 해소
- 안정된 한미동맹을 바탕으로 자유무역과 평화에 기여하는 좋은 이웃

국가와 사회에 대한 자부심은 국가가 발전하는 데 필수적인 동력이다. 국민의 자부심은 사회적 통합과 화합을 촉진하며 사회적 책임감을 높이는 데 기여한다. 그러나 현재 우리사회는 저출산으로 인한 사회적 활력저하, 지역소멸, 국내외 정세변화 등으로 불안감이 커져 있는 상황이다. 자부심 고취를 통해 국가와 사회에 대한 신뢰를 높이는 것은 정치적 불안정이나 경제적 불확실성을 줄이는 데도 기여할 수 있다.

저출산·고령화에 대한 대응으로 출산장려나 이민 등 인력을 늘리려는 대책 외에도 저출산·고령화 때문에 나타날 사회문제에 대한 적응적 대책도 필요하다. 저출산·고령화의 결과는 전반적인 인구감소 외에도 인구의 연령별 비중의 변화로 인한 불균형의 심화이다. 연령별 인구구성 불균형의 영향을 가장 많이 받는 분야는 위계적 관료제가 확고한 공공부문이다. 특히 군, 경찰 등에서는 하위층 대비 중간층의 비대화 때문에 인력 운용의 어려움이 심화되고 있다. 게다가 위계적 관료제 조직의 관성과 엄격한 조

직문화 때문에 젊은 세대의 인재들은 공공부문을 기피하고 있다. 공공부문이 향후 한국 사회의 혁신과 발전의 걸림돌이 될 가능성이 높아질 뿐 아니라 현재에도 많은 문제들을 보이고 있다. 이러한 문제들을 해결하려면 공공부문 종사자들의 공공가치를 위한 헌신과 노력에 걸맞은 보상을 지급하고 이들이 자긍심을 느낄 수 있도록 해야 한다. 또한 공공부문의 조직문화를 대대적으로 혁신해서 젊은 세대가 일하기 쉽도록 하는 한편, 군, 경찰의 중간 퇴직 인력들이 새로운 출발을 할 수 있도록 퇴직후 경력을 적극적으로 지원해야 한다.

한국은 수도권과 비수도권 간 인구·경제력 집중 격차가 심화되면서, 지방 소멸 위기를 맞고 있다. 지역 문제의 핵심은 지방 경제의 산업 기반 붕괴 및 일자리 부족 문제다. 산업 기반 붕괴와 악순환을 보이는 심각한 문제는 지역의 생활 인프라 부족 및 정주 여건의 악화다. 반면, 수도권은 과밀화와 주택 부족으로 인해 주거비 상승과 교통난이 심각해지고 있다. 실패한 지역균형 발전을 폐기하고 지역별 특성에 맞는 신성장 산업을 육성하되, 지원하는 지역 숫자를 제한하고 지원을 집중해야 한다. 연구 역량을 갖춘 지역의 대학과 산업, 중앙정부 및 지자체가 지자체 칸막이를 넘어 역량을 집중할 수 있는 소수의 클러스터를 육성하여 주거·교통·교육·의료 등 인프라를 개선해야 할 것이다.

한국의 역량과 한계를 고려하며 국제사회를 선도할 수 있는 선택과 집중을 해야 한다. 이를 통해 평화와 번영을 지속해야 하며 변화하는 국제정세에 능동적으로 대응해야 한다. 특히 트럼프 행정부와 조기 정상회담을 개최하여 한미동맹을 안정적으로 관리하고, 주변국을 포함한 국제사회와의 다각적 협력을 확대해야 한다. 주변국 외교 전략은 '좋은 이웃'을 강조하며 평화애호국으로서 의지를 표명해야 한다. 주변국과의 관계에서 우리가 선제적으로 공세적 행보를 보이지 않겠다는 의지의 표현이며, 양자관계 개선과 역내 소다자 협력을 통해 지역의 평화와 번영을 앞당기겠다는 전략적 의미를 발신해야 한다. 미국의 과도한 상호 관세를 줄여나가면서 동맹 현안을 안정적으로 관리해야 한다. 동시에 상생과 공영의 한중 관계, 전략적 협력의 한일 관계, 실질 협력 기반 조성의 한러 관계를 만들어가며, 인도태평양, 유럽, 아프리카, 중남미 지역에 대한 맞춤형 외교를 전개해야 한다. 유엔 및 다자 외교에서 기여할 영역을 차별화하며 지구촌 코리아의 위상을 다져야 한다. 경제외교 역량을 강화하며 관세 및 수출통제 문제 등에 대응하고, 글로벌 공급망과 첨단기술 협력을 강화하며 국가 경제의 내실을 다져야 한다. 특히 자유무역의 시대를 다시 열어갈 수 있도록 국제적 협력을 강화해야 한다.

3. 자율성Autonomy UP

- 노사 합의에 의한 자율적 정년 연장과 유연안정성을 위한 노동개혁
- 자율성 부여로 고등교육의 질적 혁신과 창의적 문화의 지속가능성 확보
- 규제와 세제 개혁을 통한 자산 형성과 세대 간 이전 촉진

    노동, 교육, 문화 등 사회 곳곳에서 변화와 개혁이 필요한 과제들이 존재하지만 각종 규제와 갈등으로 해결되지 않고 있다. 규제를 줄이고 갈등을 완화할 수 있는 해결방식은 자율성 회복을 통해 창의적으로 접근해야 한다. 기존의 틀을 깨는 과감한 자율성 부여가 활력있게 성장하고, 변화하며 혁신하는 대한민국을 이끌어 낼 것이다.

    이러한 문제들의 대응 방향으로서 대표적으로 임금체계 개편을 전제로 한 정년 연장을 제안한다. 한국은 정규직의 해고 위험성이 낮은 상황에서 근속연수에 따라 임금이 상승하는 경향이 강하기 때문에(연공급 임금체계), 임금체계를 그대로 둔 상태에서 정년을 연장하면 인건비가 가중적으로 증가하여 청년에 대한 고용 수요에 악영향을 미칠 수 있다. 또한 최저임금제를 연령별, 지역별, 산업별로 차등 적용하고, 고용 유연성과 고용보험 개선을 병행(유연안정성)하는 노동개혁도 제안한다.

    한국의 교육체계는 그간 성공적이라고 인정받아 왔지만 현재

는 위기를 맞이하여 전환이 필요한 시점에 이르렀다. 고등교육의 대중화를 통해 대량생산에 기반한 자본주의 경제에 필요한 우수 인력을 공급해 왔지만 이제는 이러한 체계의 내적 한계에 직면한 것이다. 특히 향후 창조적 혁신에 기반한 새로운 경제체계에서 앞서가려면 창의적 인재가 필요한데 현재 한국의 고등교육은 이러한 변화에 준비가 되어 있지 않다. 가장 큰 문제는 고등교육을 옥죄고 있는 관료적 통제이다. 정원, 내용, 운영 등 모든 면에서 고등교육을 규제 및 통제하는 관료제로서 교육부는 향후 권한을 대폭 축소하거나 폐지해야 한다. 이것이 과거 권위주의의 유산으로 경제의 민영화 이후 오랫동안 이루어지지 못한 당연한 조치이기 때문이다. 이를 통해서 고등교육을 대폭 자율화해야 한다. 또한 국가의 지원은 대학교가 아닌 학생 중심 국가장학금, 교수 중심 연구비 지급으로 바뀌어야 한다. 아울러 학령인구 감소시대 대학교 퇴장exit 요건을 완화해서 고등교육의 질적 혁신이 가능하도록 해야 한다.

현재 한국의 현대 문화와 예술은 매우 뛰어난 성취를 거두어 왔다. 대중예술과 순수예술을 가리지 않고 글로벌한 인기와 인정을 받고 있다. 이러한 문화예술의 성취는 한국 사회의 글로벌 소프트 파워를 높이면서 한국의 국격을 높이는데 기여한다. 이러한 성취를 가능하게 한 것은 우수한 인재와 과감한 투자 외에도 문화예술에 대한 일반적 관념의 변화, 글로벌 차원에서 서구

주도 문화의 약화, 그리고 문화예술의 매개와 소비를 가능케 하는 디지털 미디어의 확산 등을 들 수 있다. 그런데 현재 문화예술의 글로벌 성취가 지속가능한지에 대해서는 의문이 제기된다. 앞으로도 문화예술의 높은 성취를 지속하려면 다음과 같은 정책적 대응이 요구된다. 우선 글로벌 시대에 걸맞은 개방성과 다양성을 존중하는 문화적 분위기를 갖출 필요가 있다. 특히 문화적 민족주의의 한계를 벗어나야 한다. 다음으로는 문화예술에 대한 과감한 공공 교육과 투자를 통해서 잠재적인 인재들을 발굴하려는 노력을 지속할 필요가 있다. 현재의 기획사 중심의 인재 발굴과 훈련 체계를 보완할 필요가 있는 것이다. 마지막으로 정치적, 이념적으로 양극화된 사회적 분위기가 문화와 예술에 미치는 영향을 최소화하기 위해서 문화와 예술 분야의 자율성을 적극적으로 보호해야 한다. 과거와 같은 블랙리스트나 화이트리스트가 재발하지 않도록 해야 한다.

자율성을 높이는 개혁은 청년세대의 자산형성을 지원하는 방향으로도 이루어져야 한다. 자산을 형성한 중고령층과 평균적으로 고학력이지만 상응하는 일자리를 찾기 어려운 청년층 간 자산 이전이 점점 중요해지고 있다. 국민의 자산 형성과 세대 간 이전을 위해 논란이 되었던 금융투자소득세는 장기 투자에 대한 세제 혜택을 강화하여 재설계하고, 디지털자산에 대해 과세한다면 현실적인 과세 여건을 감안하여 거래세 도입이 타당해 보인다. 상속세는 유산취득세 방식으로 전환하고 과세표준을 현실화할 필요가 있다. 또한 청년의 자산 형성과 주거 문제 해결을 돕기 위해 예컨대 청년 주거 수요가 높은 지역에 초·중·고 폐교 부지를 활용한 '행복기숙사' 및 공공 청년주택을 건립하여, 취업준비생과 사회초년생까지 안정적인 주거 환경을 확보하는 것을 고려할 수 있다. 더 적극적인 자산 형성을 위해서는 청년의 경우 주택 담보 가치 대비 대출금액의 비율LTV을 높게 허용할 필요가 있다.

4. 안심Safety UP

- 국민의 삶을 안심시키기 위한 모두를 위한 돌봄 사회 서비스 제공
- 위험과 재난으로부터 국민의 안전을 끝까지 책임지고 대응하는 정부
- 과학기술 기반 첨단 전력 구축과 인구감소에 대비한 30만 강군 육성
- 국제사회와 함께 남북대화의 기회를 열고, 신뢰를 쌓아 적대관계를 해소

한국 사회는 급격한 고령화와 저출산으로 인해 돌봄 서비스의 중요성이 더욱 커지고 있다. 그러나 현재의 돌봄 체계는 여전히 가족 중심이며, 특히 여성들에게 돌봄의 책임이 집중된다. 돌봄의 경우 노인 돌봄에서는 지역별 돌봄 거점을 구축하고, 노인 돌봄이 필요한 가정을 대상으로 방문 요양 및 맞춤형 돌봄 서비

스를 확대하는 정책이 필요하다. 또한 가족 돌봄 휴가를 확대하고, 장기 요양보험의 적용 범위를 넓혀 노인 돌봄을 사회적으로 지원하는 방향으로 정책을 발전시켜야 한다. 아이 돌봄의 경우는 민간의 서비스 공급이 공공과 조화를 이루는 데 제한적인 상황을 개선하여 '아이돌보미' 자격증을 신설하고 민간의 서비스 시장 확대를 유도해야 한다. 또한 부모의 유연근무제와 육아휴직 제도를 보다 적극적으로 활성화할 필요가 있다.

최근 들어 급증한 청년들 대상의 전세 사기, 청년과 중년들 대상의 코인 투자 사기, 중년과 은퇴자 대상의 펀드 투자 사기, 그리고 다양한 처지의 피해자들을 괴롭히는 보이스피싱 등은 국민들의 재산권을 위협하는 동시에 경제적 불안정을 심화시키고 있다. 많은 사기 피해자들이 자살하는 등 경제적 피해 외에도 정신적 피해까지 심각한 상황이다. 국민들의 미래에 대한 불안을 이용해서 괴롭힌다는 점에서 이들 재산의 사기와 갈취를 근절하고 국민들의 삶을 적극적으로 보호할 대책이 절실하다. 이를 위해서는 재산범죄에 대응하는 수사당국과 금융당국의 상시적 협조체계를 구축할 필요가 있다. 이들 재산 범죄가 지능적이고 조직적이라는 점에서 이에 대한 체계적 대응이 필요하기 때문이다. 무엇보다 적극적 수사를 통해서 사기와 갈취를 근절하려는 강력한 당국의 의지가 요구된다. 또한 일단 피해가 발생하게 되면 피해자들에 대한 지원을 체계적으로 제공할 필요가 있다. 많은 피해자들이 자신들의 과오 혹은 실수로 피해를 자초했다는 자괴감에 빠지는 것을 고려해서 물질적 지원 외에도 정신적 지원까지 제공할 필요가 있다.

젊은 세대 중심으로 젠더 갈등이 심화되고 있는 상황에서 여성들의 안전에 위험신호가 나타나고 있다. 여성이 피해자인 강간 등 성범죄 피해가 늘어나고 디지털 미디어의 확산과 함께 디지털 성범죄 피해도 급증하고 있다. 이러한 상황 때문에 여성들의 안전감이 매우 낮아지고 있다. 인구의 절반을 차지하는 여성들의 안전을 책임지지 못한다면 국가는 국민의 안전을 온전히 지키지 못한다고 할 수 있다. 과거부터 지속되어온 안전 지킴의 역할 외에 새롭게 변화하는 현실에 대응해서 여성의 안전을 지키려면 다음과 같은 대응이 필요하다. 우선 최근 빠르게 늘어나고 있는 1인 가구 여성이 안전할 수 있는 사회적, 물리적 환경을 제공해야 한다. 많은 여성 피해자들이 1인 가구이기 때문에 이에 대한 대응이 시급하다. 다음으로는 최근 들어 급증하고 있으며 피해 규모가 큰 사이버 성범죄에 적극적으로 대응하는 한편 이에 대한 예방을 강화할 필요가 있다. 마지막으로 친밀성에 기반한 안전 위협이 늘어나고 있는 현실에서 스토킹이나 데이트폭력에 대한 적극적 대응체계를 구축할 필요가 있다.

현대 사회는 위험사회의 특징을 안고 있다. 과거의 위험이 자연적이거나 확률적이었다면, 현재의 위험은 체계적인 동시에 발생 빈도는 줄어든 반면 규모가 급격히 커지는 특징을 갖는다. 이러한 현대 사회의 위험과 재난의 특징을 보여주는 것이 최근 한국 사회가 겪은 세월호 사건, 이태원 참사, 항공기 착륙 사고 등이다. 산업재해 역시 그 빈도나 피해자는 줄지만 산업재해의 하청화라고 부르는 기업규모별 격차의 심화가 심각한 문제가 되고 있다. 위험 연구자들이 지적하는 위험의 계층화, 즉 어려운 처지의 사람들에게 위험과 재난이 집중되는 것은 재난에 대한 적극적 대응이 더욱 필요하다는 것을 강조한다. 재난에 적극 대응해서 국민들의 안전을 지키려면 다음과 같은 대응이 필요하다. 산업재해의 하청화를 방지하기 위해 원청업체와 하청업체의 관계를 고려해 산업재해에 대한 근본적 대책을 강화할 필요가 있다. 다음으로는 대형 사고나 재난이 발생할 시 현장 중심의 지휘체계를 신속히 가동하는 동시에 피해자 구조와 구제를 최우선에 둔 대응체계를 강화할 필요가 있다. 마지막으로 재난 피해자 및 유가족의 지원과 보호를 강화해야 한다. 피해자와 유가족들은 피해 사실 자체로도 힘든데 사회의 과도한 관심과 무책임한 보도, 조롱 등으로 더욱 피해를 입기 때문에 이들에 대한 최우선의 보호가 필요하다.

북한의 핵위협이 점증하는 상황에서 첨단 군사력 건설을 통해 북한의 군사적 위협을 억제해야 한다. 이를 위해서는 변화하는 전쟁 양상을 고려한 실전 중심의 전력 구축이 필요하며, AI

및 과학기술에 기반한 무인기 및 사이버 대응 역량 강화해야 한다. 동시에 첨단 무기체계의 변화 속도를 고려한 획득 시스템을 개선하고, 적대세력에 충격을 줄 수 있는 한국형 전략무기를 개발해야 한다. 한편, 인구감소 시대 적정병력 기획을 통해 안정적인 국방 운영을 담보해야 한다. 무인체계 활용을 포함한 국방 과학화에 발맞춰 2040년에 30만 병력을 목표로 점진적인 감군을 추진해야 한다. 이 과정에서 군구조 개편 및 통합군 체제를 검토할 필요가 있다. 동시에 은퇴 인력으로 구성된 군사단체 활용하며, 병력 부족을 메워가야 한다. 군문화 및 민군관계 재정립을 통한 '국민이 공감하는 제2창군'도 필요하다. 안정적 군 복무 여건 조성을 위해 군인에 대한 예우를 강화하고, 군 내부적으로는 진급 지향 문화를 개선해야 한다. 군내 각종 사건·사고로 인해 사회적으로 물의가 발생하고 있는 상황을 예방하기 위해 지휘관 책임 및 지휘권 보장을 강화해야 한다. 능력 위주의 인사 관행을 정착시키기 위해 대통령실의 인사 관여를 최소화해야 한다. 무엇보다 작전 중심의 군 교육체계를 개선하여, 지휘관의 리더십과 민주주의적 소양을 키울 수 있도록 해야 한다.

한반도 평화와 비핵화 문제를 주변국과 더욱 활발히 논의함으로써 북한과의 대화 동력을 확보하고, 남북 간 대화를 통한 상호 적대시 정책 폐기를 통해 신뢰를 쌓아가며, 중장기적으로 한반도 평화체제 구축과 통일을 지향해야 한다.

5. 신뢰|Trust UP

- 모든 국민의 인권이 존중되고 존엄을 위한 자유와 책임이 있는 사회
- 다양성에 대한 존중으로 인재 유치가 가능한 이민정책
- 4년 중임제 분권형 대통령제를 도입하고 삼권분립 작동 강화
- 민주적 책임성과 대표성을 강화하는 포용적 정치개혁 추진

대한민국은 경제개발과 함께 민주주의와 인권을 중시하는 사회로 성장 발전해왔다. 그러나 급속한 성장 과정에서 다양한 문제들이 존재하게 되었고 사회적 분열로 이어지고 있다. 특히, 인권과 정치적 측면에서 존중과 신뢰를 강화하는 것은 사회적 조화를 이루어 국가발전의 지속가능성을 도모하는 데 필수적이다. 이러한 노력은 법적, 제도적 변화와 더불어 사회 전반의 인식 변화와 시민 사회의 적극적인 참여가 필요하다. 상호 존중과 신뢰를 통해 대한민국은 더욱 평등하고 공정한 사회로 발전할 수 있어야 한다.

인권은 특정 정치세력이나 정파의 전유물이 되어서는 안된다. 인권은 국민 모두가 안심하고 자신의 행복을 추구할 수 있도록 국가와 사회가 보장해야 하는 안전판이다. 따라서 최근 양극화 속에서 양측이 인권을 내세워 자신의 정치적 이익을 취하려는 것을 중지해야 한다. 또한 인권에 관련한 정책은 그렇기

때문에 힘의 우위를 내세워 추진하기 보다는 국민적 합의를 토대로 해야 한다. 포괄적 차별금지법이 국민적 갈등을 심화시킨다면 이를 무리하게 추진하기 보다는 현재의 제도와 법을 이용해서 차별을 없애려는 노력을 지속해야 한다. 이미 현재의 제도와 법에서도 차별로 규정하는 언행들이 늘어나 많은 사회적 문제를 낳기 때문이다. 특히 국가기구나 공직자가 차별적 언행을 하거나 인권침해적 행동을 할 경우, 이에 대해 단호하게 대응해야 한다. 인권 보호는 국가의 법에서 정한 범죄와 달리 처벌이 아니라 예방과 치유, 일상의 회복을 위한 것이다. 따라서 인권을 '창'으로 즉 무기로 해서 특정인이나 세력을 공격하려는 시도를 억제하고, '방패' 즉 약자들을 보호해서 모두가 인권을 존중받을 수 있도록 하려는 노력이 필요하다.

소셜 미디어와 디지털 플랫폼에서 모욕과 혐오의 언어가 난무하고 있는 현실을 바꾸지 못한다면 사회적 혼란이 심화되어 통제불능이 될 가능성이 높다. 특히 디지털 플랫폼을 통해 이루어지는 새로운 소통 방식에 대한 대응이 소극적이다. 이들 매체를 언론으로 보지 않기 때문에 모욕과 혐오의 내용이 이들 매체에서 급격히 늘어나는데도 불구하고 그에 대한 책임을 묻지 못하는 상황이다. 그렇기 때문에 대중매체로서 활자나 방송 매체에 대응하는 언론의 책임을 묻지 못한채 일반 국민들의 표현의 자유만이 인정되고 있다. 이러한 문제를 해결하려면 적극적으로 새로운 미디어 환경의 특성을 고려하여 이에 적합한 언론의 자유와 책임을 규정하고 이를 제도화해서 디지털 플랫폼의 역할과 책임을 분명히 해야 한다. 미디어 외에도 이용자들의 미디어 리터러시를 높여서 시민적 언행을 하도록 해야 하며, 특히 양극화된 정치상황에서 정치권이 미디어를 오용하는 것에 대한 단호한 대처가 필요하다.

공무원, 교사, 경찰, 의료진 등 국가와 사회의 기본 서비스를 제공하는 사람들에 대한 모욕과 폭행 등이 심각한 사회적 문제가 될 정도에 이르렀다. 이들은 어려운 상황에서도 국민들을 위해 헌신하는 사람들이기 때문에 이들에 대한 각별한 보호가 필요하다. 그렇지 못한 결과 현재는 이들 분야에서 회의와 기피가 늘어나고 있으며, 이러한 상태가 지속될 경우 사회는 지속되기 어렵다. 따라서 각 분야 기본서비스 제공자들의 활동에 대한 광범한 면책범위를 설정해서 이들이 열심히 자신의 업무에 몰두할 수 있게 해야 한다. 또한 교사, 의료진, 경찰관 등에게 상습적으로 과도한 요구나 비난을 퍼부으며 괴롭히는 민원인들이 이들 서비스 제공자들에게 접근하지 못하도록 하고, 이들이 받을 수 있는 서비스를 제한하도록 해야 한다. 이것은 이들 기본 서비스 제공자에 대한 특권이나 특혜의 부여가 아니다. 이러한 보호 조치가 취해지지 않는다면 일부 과도한 민원인들 때문에 다수 국민들의 기본 권리가 제한을 받기 때문이다. 또한 기본 서비스 제공자의 마음건강에 대한 충분한 지원을 통해 이들이 회복탄력성을 갖추도록 도와야 한다.

저출산·고령화 때문에 예상되는 인력 부족을 극복하기 위해서는 정년 연장, 여성 경제활동 증진 외에도 이민이 절대적으로 필요하다. 한국은 20세기 이민을 보내는 나라에서 21세기 이민을 받는 나라로 바뀌었다. 하지만 이제까지 이민은 출입국 관리 위주의 법무부나 인력 활용 위주의 노동부에서 주로 다뤄 왔다. 인력 부족으로 경제와 사회의 지속가능성이 위협받는 현실에서 이러한 소극적 대책으로는 충분치 못하다. 이제는 국가 전략적 차원에서 이민청을 설립하고 이민정책 거버넌스를 여러 부처들이 협력해서 할 수 있도록 만들어야 한다. 특히 우수한 해외 인재들을 국내에서 교육시키고 이들이 한국에서 활동하는데 관심을 갖도록 적극적인 인재 유치를 하는 방향으로 이민 정책이 바뀌어야 한다. 또한 사회적으로 이민자들이나 이주자들이 잘 융화될 수 있도록 문화적 다양성에 대한 존중이 이루어져야 한다.

1948년 제헌헌법 이래 우리 헌법은 9차례 개정이 이루어져왔다. 1987년 개헌 이후 국내 정치와 경제 그리고 사회, 문화적 환경에 많은 변화가 있었다. 이러한 변화와 새로 등장하는 다양한 문제를 해결하기 위해 헌법적 차원에서의 재검토가 필요해졌다. 우선, 대통령에 대한 권력집중을 완화할 필요가 있다. 이를 위해, 대통령 임기를 4년 중임제로 개편해야 한다. 대통령 선거와 국회의원 선거의 주기를 일치시켜 여소야대 분점정부의 발생 가능성을 줄이고, 대통령이 최대 8년간 장기적으로 국정을 운영할 수 있게 해야 한다. 또한, 대통령선거에 결선투표제를 도입해야 한다. 총리의 국정 영향력 강화를 위해 총리를 국회에서 선출하여 대통령이 임명하는 방식을 도입해야 한다. 이와 더불어, 대통령에게 국회를 해산할 수 있는 권한을 부여할 필요가 있다.

국회가 행정부를 견제하고 입법에 대한 책임과 권한을 가지고 있음을 명확히 해야 한다. 이를 위해, 국회에서 제정된 법률이 행정입법을 통해 사실상 유명무실화 되는 일이 발생되지 않도록 충분한 통제장치가 마련되어야 한다. 또한, 국회의 대 행정부 견제를 위해 임명동의권을 확대하고 국회의 예산결산위원회를 상임위원회로 바꿔야 한다. 이를 통하여 상시적으로 예산 및 결산에 대한 국회의 통제가 가능하도록 해야 한다.

사법부의 독립성과 정당성을 강화하는 방향으로 개선이 이루어져야 한다. 이를 위해, 대법원장의 대법관제청권을 폐지하고 대법관후보추천위원회 구성원을 좀더 다양화하고 투명성을 강화해야 한다. 헌법재판소 재판관 구성도 대법관 구성처럼 재판관 전원에 대한 국회의 임명동의권 제도를 도입할 필요가 있다. 이와 더불어, 재판관 결원의 보충을 위한 제도 도입도 필요하다.

　민주적 책임성과 대표성을 강화하는 방향으로 정치개혁이 필요하다. 선거제도 개선은 득표와 의석 간 불비례성을 줄이고 위성정당 선거 참여 문제를 방지하는 방향으로 이루어져야 한다. 정당 개혁을 위해 정당 운영이 중앙당 중심이 아닌 시·도당의 강화를 통한 정당의 분권화가 필요하다. 분권화된 정당이 직접 당원 및 유권자를 대상으로 시민정치교육을 담당할 필요가 있다. 청년의 정치참여 활성화도 정치개혁의 중요한 내용이다. 이를 위해, 정당이 청년 정치인 교육 및 발굴 시스템을 갖추도록 함으로써 정당을 통한 청년의 정치참여를 확대하고 이를 제도적으로 지원해야 한다. 또한, 청년에게 불리한 선거제도 환경을 개선함으로써 국회와 지방의회에서 청년 정치 대표성을 높여야 한다.

1부

도전
Challenge
UP

1
전력기반의
AI 생태계 구축

현황과 쟁점

인공지능AI 기술은 전 세계적으로 급속한 성장세를 보이며 다양한 산업 분야에 혁신적 변화를 가져오고 있다. AI 기술의 혁신적 활용은 경제사회 전반에 걸쳐 큰 변화를 가져올 것인데 노동생산성 향상, 지능형 자동화를 통한 새로운 가상 인력 창출, 그리고 혁신의 확산을 통해 실현될 것이다. Stanford University의 Charles Jones 교수는 AI가 가속화된 성장의 새로운 시대를 열 것으로 전망했다.

21세기의 핵심 성장동력인 AI 경쟁에서 뒤처지고 있다

AI는 향후 기술, 경제, 사회 전반의 변화를 주도할 것으로 예측되지만 한국은 글로벌 기술혁신 추세와 비교해 인력, 재원, 데이터, 기술 등 모든 면에서 경쟁력 확보에 어려움을 겪고 있다. 한국 경제의 중추적 역할을 해온 제조업 역시 AI 기술과의 융합을 통한 혁신이 시급한 상황이다. AI는 제조공정의 효율성, 정밀도, 적응성을 향상시키는 데 크게 기여할 수 있다. 특히 예측 유지보수, 품질 관리, 공급망 최적화 등의 영역에서 AI의 활용이 두드러지고 있다. 그러나 한국의 AI 기술경쟁력은 아직 글로벌 선도국 수준에 미치지 못하고 있다. 대규모 투자를 진행 중인 기술선진국들 및 풍부한 인력 및 데이터를 바탕으로 빠른 기술혁신을 이루고 있는 국가들과의 치열한 경쟁에 직면해 있는 현 상황에서 한국의 AI 경쟁력 확보는 쉽지 않은 과제다. 특히 AI 기술 발전의 핵심인 반도체 분야에서도 메모리 반도체에 국한된 경쟁력을 보유하고 있어, 글로벌 시스템 반도체 수요와 기술력을 따라가지 못하고 있다.

정부는 2030년까지 4,500억 달러 규모의 투자 계획을 통해 세계 최고의 반도체 공급망을 구축하는 'K-반도체 전략'을 추진하고 있다. AI 칩 기술의 초격차 확보 목표, 국내 AI 칩을 활용한 데이터 센터 구축으로 초기시장 수요 창출, 산학연 협력 생태계 조성, AI 반도체 전문인력 양성을 포함한다. 그러나 아직은 계획의 초기 단계로 가시적인 성과를 내지는 못하고 있다.

전력과 반도체 강점을 활용해야 한다

한국이 글로벌 AI 경쟁에서 우위를 점하기 위해서는 정부, 기업, 학계의 협력을 통한 전략적 투자와 정책 지원이 지속되어야 한다. AI와 반도체는 고전력 사용이 필수이므로 전력기반의 반도체와 AI 클러스터를 조성하여 경쟁력을 키워야 한다. 강점인 전력과 반도체를 중심으로 AI 생태계를 구축하고 이를 통해 데이터, 기술, 인력을 유치하여 국제 경쟁력을 키워나가야 한다. 한국의 AI 혁신 경제로의 전환과 성공은 우리 독자의 자본, 데이터, 인력만으로 성공하기에는 한계가 있다.

대응 방향

1. 고전력 첨단산업을 위한 안정적 전력기반 확충

한국은 오랫동안 안정적인 전력공급 인프라를 구축해왔으며, 이는 첨단산업 육성에 있어 중요한 경쟁력 요소로 작용하고 있다. 특히 에너지 집약적인 철강, 화학 등 주력 수출산업을 뒷받침하기 위해 원자력을 기저 에너지원으로 활용하여 고품질의 안정적 전력을 공급해온 역사는 주목할 만하다. 이러한 전력 인프라는 AI, 반도체 등 차세대 첨단산업 육성에도 중요한 경쟁력 요소로 작용할 전망이다.

AI 및 반도체 산업의 전력 의존도는 매우 높은 수준이다. AI 관련 산업은 반도체 생산, 데이터 처리, AI 모델 학습 등 모든 단계에서 막대한 전력을 소비한다. 한국경제인협회의 2024년 7월 보고서에 따르면, 반도체 산업의 전력의존도는 83%로 석유화학(14%), 철강(11%)을 크게 상회한다. 이는 반도체 산업이 얼마나 전력 집약적인지를 잘 보여주는 지표다. AI 기술 개발에 필요한 데이터 처리 및 연산 과정의 전력수요는 이보다 더욱 클 것으로 예상된다.

글로벌 차원에서도 AI와 데이터 센터의 전력수요는 급증하고 있다. 국제에너지기구[IEA]의 전망에 따르면, 전 세계 데이터센터의 전력 사용량은 2022년 460TWh에서 2026년 1,050TWh로 4년 만에 두 배 이상 증가할 것으로 예측된다. 특히 미국의 경우, 웰스파고는 AI 산업으로 인한 전력수요가 2024년 8TWh에서 2030년 652TWh로 80배 이상 급증할 것으로 예측하여, AI 산업의 성장이 전력수요에 미치는 영향이 얼마나 큰지를 잘 보여주고 있다.

이러한 상황에서 한국의 안정적 전력공급 능력은 첨단산업 육성에 있어 중요한 경쟁력 요소로 작용할 수 있다. 한국의 전력공급 시스템은 전압과 주파수 유지율이 99.9%에 달하는 고품질, 저비용의 특성이 있어, 글로벌 기업들의 투자를 유치하는 데 유리하게 작용할 수 있다. 이는 한국이 첨단산업 분야에서 글로벌 경쟁력을 확보할 수 있는 중요한 기반이 될 것이다.

이러한 장점을 극대화하기 위해서는 여러 가지 전략적 접근이 필요하다. 첫째, 무탄소 전력원을 확대해야 한다. 신규 원자력 발전소 건설과 함께 소형모듈형원자로^{SMR} 개발을 가속하여 안정적이고 친환경적인 전력공급을 확보해야 한다. 둘째, 첨단산업 특화단지를 조성해야 한다. 안정적 전력공급을 기반으로 한 AI 및 반도체 클러스터를 구축함으로써 관련 기업들의 집적 효과를 극대화할 수 있다. 셋째, 에너지 효율화 기술개발에 주력해야 한다. 저전력, 고효율 AI 칩 등 첨단 반도체 기술혁신을 지원함으로써 전력 소비를 최적화하면서도 성능은 향상시킬 수 있다. 마지막으로, 전력 인프라를 고도화해야 한다. AI 기반 전력망 최적화 및 스마트그리드 기술을 도입하여 전력공급의 효율성과 안정성을 더욱 높일 수 있다.

한국의 안정적이고 고품질의 전력공급 능력은 AI, 반도체 등 첨단산업 육성에 있어 중요한 경쟁력 요소이다. 이러한 장점을 바탕으로 지속적인 기술혁신과 인프라 투자를 통해 글로벌 첨단산업 허브로 도약할 수 있는 잠재력이 충분하다. 이는 단순히 산업 경쟁력 강화에 그치지 않고, 지속가능한 경제 성장과 환경 보호라는 두 가지 목표를 동시에 달성할 수 있는 중요한 전략이 될 것이다.

2. 전주기 반도체 공급망을 통한 초격차 추구

반도체 산업은 AI 시대의 핵심 동력으로 부상하고 있다. AI 시스템의 두뇌 역할을 하는 반도체는 복잡한 연산을 수행하여 AI의 학습과 추론을 가능케 하는 필수 불가결한 요소이다. 특히 GPUGraphics Processing Units와 TPUTensor Processing Units 같은 특수 목적 반도체 칩들은 AI의 병렬 처리 능력을 크게 향상시켜, 대규모 데이터의 빠른 처리와 복잡한 AI 모델의 효율적 학습을 지원한다. 이러한 맥락에서 반도체 기술의 혁신은 AI의 성능 향상, 에너지 효율성 개선, 그리고 새로운 산업 창출에 중추적인 역할을 할 것으로 예상된다.

AI와 반도체 산업은 상호 보완적 관계에 있다. AI 기술은 EDA^Electronic Design Automation를 통해 반도체 설계를 최적화하고, APC^Advanced Process Control 시스템으로 제조공정을 정밀화한다. 이는 다시 반도체의 성능과 수율을 개선해 더욱 고도화된 AI 모델을 개발할 수 있게 한다. 이러한 시너지로 인해 반도체 공급망이 글로벌 기술패권 경쟁의 핵심 영역으로 부상하게 되었다.

AI 경쟁에서 뒤처지고 있는 우리나라의 강점이자 약점은 반도체에 있다. 우리나라는 미국, 일본, 영국, 네덜란드와 반도체 협력 체계를 구축하고 이를 통해 설계, 소재·부품·장비, 제조를 아우르는 전주기 반도체 공급망 동맹을 구축하고 있다. 현재 우리나라는 약 300조 원 규모의 첨단 시스템 반도체 클러스터와 세계 최대·최고의 반도체 메가 클러스터 조성을 계획하고 있다. 이러한 전략의 실현을 통해 메모리 반도체 분야에서의 기술 리더십을 유지하면서, 시스템 반도체 분야로 경쟁력을 확장해야 한다.

국제협력을 통해 관련 장비와 부품 공급망이 안정화되어 있지만, 미래 급변하는 수요를 대비하여 반도체 장비 및 소재 기업을 육성하여 공급망 경쟁력을 강화할 필요도 있다. 특히 EUV^Extreme Ultraviolet 리소그래피 장비, 고순도 불화수소 등 핵심 소재·장비의 국산화는 반도체 기술의 고도화와 초미세 공정 개발에 필수적이다.

초격차 전략은 단순한 기술개발을 넘어 글로벌 반도체 생태계에서 한국의 위치를 공고히 하고 미래 국가 경쟁력을 확보하기 위한 종합적인 접근방식이다. 이를 통해 우리는 메모리 반도체에서의 우위를 유지하면서 시스템 반도체와 AI 반도체 분야에서도 글로벌 리더십을 확보할 수 있다. 한국이 보유한 반도체 제조 경쟁력과 AI 기술의 융합은 세계시장을 선도할 수 있는 파급력을 가질 것으로 기대된다.

전주기 반도체 공급망을 통한 초격차 추구 전략은 AI 시대의 국가 경쟁력 확보를 위한 핵심 요소이다. 한국은 이미 구축된 강력한 반도체 산업 기반을 바탕으로, AI 기술과의 융합을 통해 글로벌 기술 리더십을 확보할 수 있는 유리한 위치에 있다. 지속적인 투자와 혁신, 그리고 국제협력을 통해 한국은 AI 주도의 4차 산업혁명 시대를 선도하는 국가로 자리매김해야 한다.

3. 데이터와 브레인이 모이는 미래산업 클러스터 조성

미래산업 클러스터는 AI, 빅데이터, IoT^{Internet of Things} 등 첨단기술의 융합을 통해 혁신을 가속화하고 국가 경쟁력을 높이는 핵심 전략으로 부상하고 있다. 한국의 경우, 안정적인 전력공급과 반도체 공급망이라는 강점을 바탕으로 글로벌 AI 생태계의 매력적인 기술개발 기지로 자리매김할 수 있는 잠재력을 갖추고 있다. 이러한 배경하에, 데이터와 우수 인재가 집결하는 미래산업 클러스터 구축을 위한 전략적 접근이 필요하다.

미래 AI 클러스터의 핵심은 대규모 컴퓨팅 파워와 안정적인 전력공급이다. 한국의 안정적인 전력 인프라는 급증하는 전력수요에 대응할 수 있는 강점이 있다. 고품질, 저비용의 전력공급 시스템은 글로벌 기업들의 투자를 유치하는 데 유리하게 작용할 수 있다. 또한, 'K-반도체 전략'은 2030년까지 4,500억 달러 규모의 투자를 통해 세계 최고의 반도체 공급망을 구축하는 것을 목표로 하고 있다. 이는 AI 하드웨어의 근간이 되는 반도체 산업의 경쟁력을 더욱 강화할 것이다.

데이터와 브레인이 모이는 미래산업 클러스터는 AI, 빅데이터, IoT 등 첨단기술의 융합을 통해 혁신을 가속화하고 경쟁력을 높이는 산업 생태계를 의미한다. AI, 빅데이터, IoT, 로봇공학 등 첨단기술들이 융합되어 시너지를 창출하며 우수한 인재들이 모여 지식을 교류하고 혁신을 주도할 수 있다. 데이터 협업과 데이터 공유를 통한 비용 절감, 효율성 향상 등으로 데이터가 자연스럽게 모이는 환경을 조성하고, 이를 통해 혁신과 가치 창출을 가속할 수 있다. 글로벌기업, 대학, 연구소 간 협력은 연구개발과 상용화를 가속하며 다양한 기술과 지식의 교류로 혁신 속도가 빨라지게 된다. 새로운 비즈니스 모델과 일자리 창출로 경제 성장을 견인하는 클러스터로 자리 잡도록 해야 한다.

미래산업 클러스터에서는 핵심기술 확보를 통해 국가 및 기업의 경쟁력을 높이고 첨단기술을 활용해 의료, 환경 등 사회문제 해결에도 기여할 수 있다. 미래산업 클러스터의 성공을 위해서는 데이터 공유와 협력을 위한 신뢰 구축, 사이버보안 강화, 윤리적 고려사항 해결 등이 중요하다. 또한 지속적인 인재 양성과 기술혁신을 위한 투자가 필요하다. 원스탑 AI 생태계 구축으로 비교우위 달성 가능성을 열어야 한다.

4. 자율과 규제의 균형을 통한 혁신

AI 분야에서의 생존경쟁은 향후 각 국가의 성장과 깊숙하게 연계되어 있다. 한국도 K-테크와 AI 융합을 통해 신산업 경쟁력 확보에 주력하고 있다. 그러나 AI의 파괴적 혁신은 데이터 프라이버시, 알고리즘 편향성, 책임소재 불명확성 등 다양한 사회적 이슈 또한 야기하고 있어, 자율과 규제 사이의 균형 잡힌 접근이 요구되고 있다.

EU의 AI Act는 AI 시스템의 위험도에 따른 차등 규제를 적용하는 선구적인 모델을 제시하고 있다. 이는 혁신을 저해하지 않으면서도 고위험 AI 시스템에 대한 엄격한 관리를 가능케 한다. 한국 역시 이러한 위험 기반 접근법을 도입하여, AI 기술의 특성과 적용 분야에 따른 맞춤형 규제 체계를 구축해야 한다. 규제 샌드박스는 혁신 기업들이 제한된 환경에서 새로운 기술과 비즈니스 모델을 실험할 기회를 제공한다. 이는 규제 당국에는 신규 위험을 조기에 파악할 기회를, 기업에는 규제 불확실성을 낮추는 이점을 제공한다. 한국의 AI 규제 샌드박스 도입은 글로벌 경쟁력 확보를 위한 중요한 전략이 될 수 있다.

AI 기술의 윤리적 발전을 위해서는 다양한 이해관계자가 참여하는 협력적 규제 체계가 필요하다. 정부, 기업, 학계, 시민사회가 함께 참여하여 AI 윤리 가이드라인을 수립하고, 이를 지속적으로 업데이트하는 메커니즘을 구축해야 한다. 이는 AI 기술에 대한 사회적 신뢰를 높이고, 책임 있는 혁신을 촉진할 것이다.

AI 기술의 초국경적 특성을 고려할 때, 국제적 규제 조화는 필수적이다. 국제표준에 부합하면서도 국가 경쟁력을 고려한 규제 체계를 구축해야 한다. 해석 가능한 AI^Explainable AI, 인간 개입 접근법^Human-in-the-loop, 윤리적 설계 지침^Ethical-by-design 등의 기술적 해결책은 AI 시스템의 투명성과 책임성을 높이는 데 기여할 수 있다. 이러한 기술적 접근은 규제의 효과성을 높이고, 혁신을 저해하지 않으면서도 AI의 윤리적 발전을 도모하는 방안이 될 것이다.

AI 분야에서의 자율과 규제의 균형은 지속적인 모니터링과 조정이 필요하며, 기술 발전 속도에 맞춰 규제 체계를 유연하게 개선해 나가는 것이 중요하다. 선제적 거버넌스 구축을 통해 기술 발전에 따른 위험과 기회를 조기에 식별하고, 기술개발자들과의 적극적인 소통을 통해 규제 개혁이 필요한 분야의 우선순위를 설정해야 한다.

이러한 균형 잡힌 접근은 우리나라의 AI 기술혁신을 촉진하고 글로벌 경쟁력을 강화하는 동시에, 윤리적이고 책임 있는 AI 발전을 이끌어낼 것이다. 자율과 규제의 조화를 통한 혁신 전략은 AI 시대의 새로운 패러다임으로 자리 잡을 것이며, AI 강국으로 도약하는 데 핵심적인 역할을 할 것이다.

2

Hi-tech
제조업 육성

현황과 쟁점

한국은 지난 수십 년간 수출주도형 경제성장 모델을 통해 눈부신 경제 발전을 이루어왔으며, 이 과정에서 제조업 중심의 산업구조를 구축해왔다. 그러나 최근 들어 이러한 성장 모델이 한계에 직면하고 있으며, 제조업 경쟁력 약화와 함께 경제 전반의 구조적 문제점들이 드러나고 있다. 통계에 따르면, 한국의 GDP 대비 제조업 비중이 최근 10년 사이 약 6%포인트 감소한 것으로 나타났다. 이는 제조업의 상대적 중요성이 줄어들고 있음을 시사한다. 더욱 우려되는 점은 수출 전망이 급격히 악화하고 있다는 것이다. 한국개발연구원KDI의 전망에 따르면, 수출 증가율이

2024년 8.5%에서 2025년에는 1.5%로 급감할 것으로 예측된다. 이는 글로벌 경제 불확실성 증대와 주요 교역국들의 보호무역주의 강화 등 외부 요인에 기인한 것으로 분석된다. 한국의 전통적인 주력 산업인 철강, 석유화학 등도 심각한 도전에 직면해 있다. 특히 중국의 과잉생산과 수출 공세로 인해 이들 산업의 경쟁력이 크게 위협받고 있다.

내외부적으로 한계에 직면한 제조업

한국 제조업이 직면한 문제는 단순히 외부 환경의 변화뿐만 아니라 내부의 구조적 문제에서도 기인한다. 노동비용 상승, 에너지 비용 증가 등 고비용 구조로 인한 생산 비용 상승, 노동인구 감소와 고령화로 인한 생산성 저하, 기존 산업의 고도화와 신기술 기반 산업으로의 전환 지연, 핵심 기술력과 브랜드 파워 측면에서의 글로벌 경쟁력 부족 등이 제조업의 한계로 거론된다.

서비스 산업 측면에서는 내수시장의 부진과 상대적으로 작은 시장 규모로 인해 서비스 산업이 새로운 성장동력으로 자리 잡기 어려운 상황이다. 2023년 한국의 소매 판매는 전년 대비 1.4% 감소했는데, 이는 2003년 이후 가장 큰 폭의 하락이다. 이러한 내수 부진은 고금리와 인플레이션 등 거시경제적 요인과 함께 소비자들의 지출 감소로 이어지고 있다.

제조업 혁신과 구조개선 필요

이러한 상황에서 한국 경제의 지속 가능한 성장을 위해서는 제조업의 경쟁력 회복이 시급하다. 제조업은 여전히 한국 GDP의 27%를 차지하고 있으며 수출의 핵심 동력이다. 따라서 제조업 혁신을 통한 수출 경쟁력 강화가 경제 회복의 핵심 전략이 되어야 한다.

제조업 혁신을 위해서는 경쟁력을 상실한 산업의 구조조정과 함께 신성장 동력 산업으로의 전환이 지원되어야 한다. 제조업이 한계를 극복하고 경쟁력을 회복하기 위해서는 초격차 기술개발, 디지털 AI 전환, 탄소중립 대응 등 새로운 도전에 적극적으로 대응해야 한다. AI, 반도체, 바이오 등 미래 핵심 산업에 대한 집중적인 R&D 투자 확대도 필요하다. 우리나라 산업은 제조업의 혁신과 구조개선을 통해 새로운 성장동력을 확보해야 한다. 이는 단기적인 수출 증대뿐만 아니라 장기적인 경제 체질 개선과 글로벌 경쟁력 강화로 이어질 것이다.

대응 방향

1. 최첨단 생산설비를 활용한 Physical AI 생산 기지화

Physical AI물리적 인공지능의 등장은 AI가 실제 세계와 직접적으로 상호작용하고 조작할 수 있는 새로운 패러다임을 제시하고 있다. 이는 단순히 가상 환경에서 작동하던 AI 시스템이 물리적 환경으로 확장되는 중요한 진화를 의미한다. Physical AI는 센서, 액추에이터, AI 알고리즘, 임베디드 시스템 등의 핵심 구성요소를 통해 작동한다. 이 시스템은 환경을 인식하고, 데이터를 처리하며, 의사결정을 내리고, 실제 행동을 수행하는 연속적인 사이클로 운영된다. 이러한 기술은 제조업, 의료, 교통, 환경 모니터링 등 다양한 분야에서 혁신적인 응용 가능성을 보여주고 있다.

제조업 분야에서 Physical AI의 잠재력은 매우 크다. 한국의 첨단 생산설비는 이러한 Physical AI 시스템을 구현하는 데 이상적인 기반을 제공할 수 있다. 세계적 수준의 메모리 반도체 경쟁력도 강점으로 작용한다. AI 기술의 특성상 Physical AI의 도입은 안보와 개인정보 보호 이슈가 연계될 수밖에 없다. 중국산 로봇청소기, 감시카메라 등 센서를 부착한 기기에 의한 정보 유출과 보안이 이미 이슈가 되고 있다. 이러한 측면을 고려한다면 안정적이며 신뢰할만한 제조기준과 설비를 갖춘 한국의 경쟁력은 높다.

Physical AI의 응용은 제조업을 넘어 다양한 분야로 확장되고 있다. 의료 분야에서는 정밀 수술을 위한 수술 로봇, 지속적인 환자 모니터링을 위한 웨어러블 건강 모니터, 개인화된 치료를 위한 재활 로봇 등이 개발되고 있다. 교통 분야에서는 자율주행 차량, 스마트 교통 관리 시스템, 물류 최적화를 위한 배송 드론 등이 실현되고 있다.

Physical AI는 가상 세계와 현실 세계를 연결하는 핵심기술로 자리 잡고 있으며 한국의 첨단 제조업 기반은 이러한 기술의 실현과 확산에 이상적인 환경을 제공하고 있다. 앞으로 Physical AI의 발전은 제조업을 비롯한 다양한 산업 분야에서 생산성 향상, 효율성 증대, 혁신 촉진 등 광범위한 변화를 이끌어낼 것으로 전망된다. 이러한 변화에 적응하고 선도하기 위해서는 지속적인 기술개발과 함께 제조설비 전환이 필요하다.

2. 핵심 소재·장비 기술고도화

첨단 제조업을 위해서는 핵심 소재와 장비 기술개발이 필요하다. 반도체, 디스플레이, 이차전지 등 첨단분야 제조는 소재와 장비에 의존하게 되는 경우가 많은데 우리나라는 대부분의 핵심 소재와 장비를 수입에 의존하고 있다. 특히 최근 주목받고 있는 로봇 분야의 경우 핵심 장비와 소재, 부품에 대한 기술보유와 공급망 확보는 필수적이다. 2024년 1월 발표된 '제4차 지능형 로봇 기본계획(2024-2028)'에는 2030년까지 공공 및 민간 부문에 약 2.24억 달러를 투자하여 한국을 글로벌 로봇 산업의 선도국가로 도약시키겠다는 목표를 담고 있다. 핵심 소재 기술개발을 위해서는 다양한 첨단소재 기술개발이 필요하다. 첨단소재는 로봇의 에너지 효율성과 성능을 획기적으로 개선할 수 있다. 장비 기술 분야에서는 모터, 컨트롤러, 감속기, 센서 등 핵심기술 확보와 제조 경쟁력이 필요하다.

첨단 소재 및 장비의 경우 기술 상용화에 필요한 연구개발 투자와 시간이 많이 소요되며 선진국과 비교해 고도화된 기술의 개발과 확보가 어려운 상황이다. 기반시설과 인프라, 인력도 부족하다. 그러나 첨단 제조업으로의 전환을 위해서는 이 분야의 기술고도화가 필수적이며 지속적인 R&D 투자 확대를 통한 국산화, 산학연 협력 강화와 인력양성, 기술개발과 적용에 대한 인센티브 제공 등의 정책이 필요하다. 한국의 핵심 소재 및 장비 부문은 다양한 문제점을 안고 있지만, 체계적인 접근과 협력을 통해 기술고도화 및 국산화를 추진함으로써 경쟁력을 강화해 나가야 한다.

3. 업종별 산업특화 AI로 초생산성 추구

산업의 특성에 맞춰 최적화된 AI 솔루션은 효율성과 생산성을 획기적으로 향상할 수 있다. 제조업 분야에서는 AI 기반의 예측 유지보수 시스템이 주목받고 있다. GE는 AI 기반 예측 유지보수 시스템으로 공장의 가동중단 시간을 20% 감소시켰다고 보고된 바 있으며, BMW는 AI를 활용한 자동화된 이미지 인식 기술을 통해 실시간으로 생산 편차를 감지하고 수정하여 품질 관리를 강화하고 있다. 이렇듯 AI는 산업특화 솔루션 적용으로 예측 유지보수, 품질 관리, 공정 최적화, 공급망 관리, 자동화 등을 통해 제조업의 다양한 영역에서 생산성을 크게 향상시키고 있다.

농업 분야에서도 AI의 활용이 확대되고 있다. 고급 이미지 인식 기술을 활용하여 작물 질병을 정확히 식별하고, 토양 개선을 위한 권장사항을 제시하며, 환경 데이터를 기반으로 수확량을 예측하는 등 농업 생산성 향상에 기여하고 있다. 금융 산업에서는 AI가 사기 탐지, 고객 서비스 자동화, 신용 평가 등 다양한 영역에서 활용되고 있다.

이러한 업종별 특화 AI 솔루션의 도입은 단순히 생산성 향상에 그치지 않고, 기업의 경쟁력 강화와 혁신적인 비즈니스 모델 창출로 이어진다. 업종별 산업특화 AI의 도입은 초생산성 시대로의 진입을 가속화하고 있다. 기업들은 자사의 특성과 요구사항에 맞는 AI 솔루션을 선별하고 효과적으로 구현함으로써 글로벌 경쟁에서 우위를 점할 수 있다. 그러나 규모가 크지 않은 제조업 분야에서 개별적인 솔루션을 개발하고 적용하는 데 어려움을 겪을 수 있으므로 업종별 공통 플랫폼 개발, AI 스타트업 지원 등으로 산업특화 AI 개발과 적용을 가속해야 한다.

3

기술주도 국가 전략산업
경쟁력 강화

현황과 쟁점

안보와 경제가 결합된 공급망

안보를 둘러싼 전략산업의 지형이 급격히 변화하고 있다. AI 와 클라우드 컴퓨팅 등 첨단기술의 도입으로 패러다임이 크게 바뀌고, 이러한 변화 속에서 안보 문제가 더욱 중요해지고 있다. 정부의 공급망 정책은 점점 더 국가 안보 우선순위와 경제발전 정책을 결합하는 방향으로 나아가고 있다. 글로벌 공급망의 복잡 성이 증가하고 특정한 기술이나 소재에 대한 의존도가 높아짐에 따라, 세계 각국은 안전성을 보장받는 방향으로 정책을 전개하고 있다. 에너지, 조선, 국방, 항공 등 안보와 직결된 거대 전략산업의 경우 우리나라의 기술적 우위와 안전성을 바탕으로 글로벌 시장에서 유리한 입지를 확보할 수 있다.

고유기술과 역량을 활용한 글로벌 시장공략 필요

국가 전략산업은 국가의 기간산업임에도 불구하고, 그동안 상대적으로 주목받지 못한 틈새시장의 특성을 보이고 있다. 이 분야는 첨단기술의 도입으로 급격한 변화를 겪고 있으며 우리의 고유 기술력을 활용한 글로벌 시장 진출의 기회를 제공하고 있다.

전략산업의 경쟁력 강화를 위해서는 산업화와 효율화가 필요하다. 국가 차원의 지원과 민간 기업과의 협력은 이 과정에서 핵심적인 역할을 한다. 정부는 연구개발 지원과 인프라 강화를 위한 환경 조성에 주력해야 하며, 민간 기업들은 이를 바탕으로 혁신적인 기술을 개발하고 상용화하는 데 집중해야 한다. 이는 전략산업의 기술적 자립과 공급망 안정화에 기여할 것이다.

우리의 전략산업은 틈새시장으로서의 특성과 고유의 기술력을 바탕으로 글로벌 경쟁력을 강화할 수 있는 잠재력을 갖고 있다. 이를 실현하기 위해서는 정부의 지속적인 지원, 민간 기업의 혁신, 그리고 산업 전반의 효율화가 필요하며, 이를 통해 한국의 안보산업은 글로벌 시장에서 우위를 점할 수 있을 것이다.

대응 방향

1. 에너지산업의 글로벌 경쟁력 강화

한국의 에너지산업은 글로벌 경쟁력 강화를 위한 중요한 전환점에 있다. 세계 각국은 전력수요의 급증과 탄소중립 목표 달성을 위한 압박 속에서 에너지 시스템의 전면적인 혁신을 요구받고 있다. 특히 AI와 전기차 보급 확대로 인한 전력수요 증가는 에너지산업의 패러다임을 근본적으로 변화시키고 있다.

생산, 배분, 서비스를 포괄하는 에너지시스템의 산업화는 이러한 변화에 대응하기 위한 핵심 전략이다. 2024년 한국전력의 전력판매량이 546TWh, 전력 판매 수입이 83조 원에 달했다는 점은 전력산업의 규모와 중요성을 잘 보여준다. 더욱이 일론 머스크가 언급한 AI로 인한 미국 전력망의 변압기 부족 현상은 우리 중전기 업체들에게 새로운 기회를 제공하고 있다.

우리는 에너지산업의 생산, 배분, 서비스 각 부문에서 독특한 강점을 보유하고 있어, 이를 통합적으로 연계하고 시스템화하여 글로벌 시장 진출을 도모할 수 있는 잠재력이 크다. 생산 측면에서는 원자력발전소 건설에서 강점을 보유하여 안정적이고 저탄소 전력생산의 중추적 역할을 하며 세계시장에서 인정받고 있다. 배분 측면에서는 한전을 중심으로 한 효율적인 전력공급 시스템을 갖추고 있으며 고품질의 안정적인 전력공급을 유지하고 있다. 서비스 부문에서는 스마트그리드 기술과 인프라 구축에서 선도적 위치에 있다. 에너지 저장 시스템ESS도 확충하고 있다.

전력 인프라 관련 다양한 부품 기업이 경쟁력을 갖고 있으며 전력 안정화 시스템과 관련하여 글로벌 시장에서 인정받고 있다. 이러한 각 부문의 강점을 통합적으로 연계하고 시스템화하여 글로벌 시장에 진출하기 위한 전략이 필요하다. 통합 에너지 관리 시스템 개발을 지원하고 한국형 에너지 시스템 모델을 제시함으로써 글로벌 시장에서 종합적인 에너지 솔루션 제공자로서 위상을 높일 수 있을 것이다.

2. 진화하는 조선산업의 전략산업화

한국의 조선산업은 글로벌 시장에서 중요한 위치를 차지하고 있지만, 중국의 급격한 성장과 기술혁신의 가속화로 인해 새로운 도전에 직면해 있다. 그러나 미중 패권경쟁이 심화하고 있는 환경에서 고유의 강점을 활용하고 전략적 혁신을 추구한다면 글로벌 경쟁력을 더욱 강화할 수 있을 것이다.

우리 조선산업의 주요 강점 중 하나는 LNG 운반선, 대형 컨테이너선, 친환경 선박 등 고부가가치 선박 건조 기술이다. HD현대중공업, 삼성중공업, 한화오션 등 주요 조선사들은 이 분야에서 세계적인 경쟁력을 보유하고 있다. 특히, IMO의 탄소중립 규제 강화에 따라 친환경 선박에 대한 수요가 증가하고 있다. 우리 조선업계는 이미 친환경 선박 기술에서 앞서 나가고 있으며, 이를 더욱 발전시켜 글로벌 시장에서의 우위를 공고히 해야 한다.

또 다른 강점은 뛰어난 R&D 역량과 설계 기술이다. 이를 더욱 강화하기 위해 AI, 자율운항 기술, 디지털 트윈 등 첨단기술에 대한 투자를 확대해야 한다. 조선소들의 생산 인프라와 노하우는 세계적 수준이다. 그러나 중국과의 가격 경쟁에서 우위를 점하기 위해서는 지속적인 생산성 향상과 효율성 제고가 필요하다. 스마트 조선소 구축, 자동화 기술 도입, 공정 최적화 등을 통해 생산 비용을 절감하고 납기를 단축해야 한다. 선제적인 시장 수요 파악과 고객 맞춤형 기술개발도 추진해야 한다. 글로벌 공급망 다변화를 통해 원자재 수급의 안정성을 확보하고 비용 경쟁력을 높여야 한다.

최근 미 해군 MRO^{Maintenance, Repair, and Overhaul} 시장 진출은 한국 조선업의 경쟁력을 더욱 강화할 수 있는 중요한 요소다. MRO 시장 진출은 한국 조선산업의 새로운 성장동력이 될 수 있다.

조선산업은 고부가가치 선박 건조 기술, 뛰어난 R&D 역량, 효율적인 생산 시스템 등의 강점을 바탕으로 글로벌 경쟁력을 더욱 강화할 수 있는 잠재력을 갖고 있다. 조선산업을 전략산업으로 육성하기 위해서는 투자 확대, 기술개발지원, 수출 금융지원 확대, 정부 주도 국제협력 강화 등 다각적이고 전략적인 접근이 필요하다.

3. 첨단기술의 신속한 적용을 통한 K-방산 경쟁력 강화

방위산업은 최근 급격한 성장을 이루며 글로벌 시장에서 주목받고 있다. 2025년 현재, K-방산은 세계 8위 규모의 수출 실적을 달성하며 국가 경제의 새로운 성장동력으로 부상하고 있다. 이러한 성과의 핵심에는 첨단기술의 신속한 적용과 효율적인 생산 시스템이 자리 잡고 있다.

K-방산의 경쟁력을 더욱 강화하기 위해서는 대학, 연구소, 기업 간의 긴밀한 협력을 통해 첨단기술의 개발과 적용을 가속해야 한다. 해외 기업과의 전략적 제휴를 통해 기술 교류와 시장 확대를 도모해야 한다. 무기체계의 유지보수 및 성능개량 시장 진출을 통해 안정적인 수익원을 확보하고, 고객국과의 장기적 관계

를 구축하는 것도 중요하다.

K-방산은 단순한 무기 수출을 넘어 종합적인 방위산업 솔루션 제공자로 전략산업화 할 수 있을 것이다. 특히 AI, 로봇공학, 우주기술 등 첨단 분야와 융합해 미래 전장 환경에 대응하는 혁신적인 무기체계를 개발하고, 이를 신속하게 전력화함으로써 글로벌 시장에서 경쟁력을 더욱 강화할 수 있다.

K-방산의 성공은 경제적 이익을 넘어 국가 안보와 기술혁신, 그리고 산업 전반의 발전으로 이어질 수 있다. 따라서 정부는 산학연 연계를 통해 첨단기술의 신속한 적용이 이루어지도록 제도적, 기술적 기반 마련을 지원해야 한다.

4. 우주 강국 실현을 위한 민간의 역할 확대

우주산업은 주요 안보산업인 동시에 경제성장과 기술혁신의 핵심 동력으로 부상하고 있다. 미국 포브스는 우주 경제가 2023년 6,300억 달러에서 2035년 1.8조 달러로 성장할 것으로 전망한다. 우주산업은 AI, 3D 프린팅, 나노기술 등 첨단기술 발전을 가속하며 위성 기술, 자원 탐사 등 다양한 분야로 확장된다.

한국의 우주기술 경쟁력은 높지 않다. 2023년 누리호 발사 성공, 2032년 달 착륙선 발사계획 등을 갖고 한국항공우주청을 발족시키기도 했지만, 기술개발 역사와 투자 규모 등에 있어 세계적 수준에 미치지 못하고 있다. 따라서 우주 강국으로 도약하기 위해서는 민간 부문의 역할 확대가 필수적이다. 현재 국가 주도로 이루어지고 있는 우주 개발을 민간 중심으로 전환하고, 우주산업 생태계를 조성하기 위한 전략적 접근이 필요하다. 정부 주도의 연구개발 프로젝트에서 민간의 역할을 확대하여 기업의 자율성과 혁신성을 제고하고 우주기술의 민간 이전을 통한 상용화를 촉진할 필요가 있다.

우주산업 클러스터를 조성하여 민간 기업 생태계를 지원하고 민간 위성 서비스 시장 확대를 위한 정부 지원을 강화하여 위성 통신 산업을 육성할 필요도 있다. 발사체 산업 경쟁력 강화를 위해서는 민간 주도의 위성 발사 서비스를 확대하고 발사체 스타트업에 대한 지원 확대와 글로벌 시장 진출 기회를 제공해야 한다. 글로벌 우주 기업과의 기술 교류 확대, 국제 우주 프로젝트 참여를 통한 경험 축적 및 기술력 향상도 필요하다.

민간부문의 혁신과 투자를 촉진하고 정부의 체계적인 지원이 결합한다면 한국의 우주산업은 글로벌 경쟁력을 갖추고 새로운 성장동력으로 자리 잡을 수 있다.

4
기술 적용성 확대를 통해
함께 누리는 성장

현황과 쟁점

불균형한 성장과 잠재력 저하

기술 발전에 따른 경제 성장의 혜택이 사회 전반에 고르게 분배되지 못하면서 성장의 불균형과 양극화는 중요한 사회적 비용을 초래하고 있다. 기술혁신은 고숙련 노동자에 대한 수요를 증가시키는 반면, 저숙련 노동자의 일자리를 위협하며 소득 불평등을 악화시킨다. 불평등한 사회에서는 교육과 기회의 격차로 인해 세대 간 이동성이 감소하며, 이는 장기적으로 사회의 역동성과 혁신 잠재력을 저해하기도 한다. 또한 소득 불평등의 심화는 정치적 양극화를 촉진하여 사회적 합의 도출을 어렵게 만들고 높은 수준의 불평등은 경제적 불안정과 사회적 신뢰 저하 등 다양한 사회적 문제를 야기하며 성장 잠재력을 저하시킨다.

일부가 성장하여 다수를 부양하는 것은 지속가능하지 않다

사회적 불평등에 의한 성장 잠재력 저하를 해결하기 위해서는 기술발전 초기부터 포용적 성장을 고려한 설계가 필요하다. 이를 위해서는 교육 및 재교육 시스템의 개선이 필요하다. 세계경제포럼WEF의 2025년 보고서에 따르면, 향후 5년간 전 세계 노동자의 50%가 재교육을 필요로 할 것으로 예측된다. 이에 대응하여, 평생학습 체계를 구축하고 직무 전환 교육을 강화하는 등 기술 변화에 유연하게 대응할 수 있는 인력양성 시스템을 구축해야 한다.

포용적 혁신 정책의 수립도 필요하다. 중소기업과 스타트업의 혁신 참여는 경제 전반의 생산성 향상과 일자리 창출에 중요한 역할을 한다. 따라서 정부는 중소기업과 스타트업에 대한 R&D 지원, 기술 이전 촉진, 그리고 규제 샌드박스 확대 등을 통해 이들의 기술혁신 참여를 적극적으로 장려해야 한다.

또한 기술 변화로 인한 노동시장 변화에 대비한 전환 정책도 필요하다. 다각적인 접근방식과 정책을 통해 기술 발전의 혜택을 사회 전체가 공유할 수 있어야 지속가능하고 포용적인 성장을 실현할 수 있을 것이다. 일부가 성장 발전하여 다수를 부양하는 구조는 지속가능하지 않다. 포용적 기술혁신은 단순히 윤리적 당위성을 넘어, 장기적인 경제 성장과 사회 안정을 위한 필수적 전략이다.

대응 방향

1. 전 세대가 공유할 수 있는 기술개발 지원

기술의 급속한 발전은 세대 간 격차를 심화시키는 요인이 되기도 하지만, 동시에 이를 해소할 수 있는 강력한 도구가 될 수 있다. 전 세대가 공유할 수 있는 방향의 기술 개발을 지원함으로써 이를 극복할 수 있다. 기술의 적용성을 확대하는 것은 전 세대가 기술의 혜택을 누릴 수 있게 하는 핵심 전략이다. 고령화되어 가는 우리나라 상황에서 노년층도 쉽게 사용할 수 있게 하는 기술을 설계하는 것은 중요하다.

로봇 기술은 전 세대가 혜택을 받을 수 있는 분야이다. 노년층을 위한 돌봄 로봇은 독립적인 생활을 지원한다. 동시에 교육용 로봇은 어린이들의 학습을 돕고, 협업 로봇은 중장년층의 작업 환경을 개선할 수 있다. 소프트 로봇의 개발은 고령층 및 유아층의 돌봄기능을 담당하여 사회적 비용을 획기적으로 개선할 것이다. 이러한 로봇 기술의 개발은 각 세대의 특성과 요구를 고려하여 이루어져야 하며 골고루 혜택이 돌아갈 수 있도록 지원을 통한 방향성 제시가 필요하다.

바이오 기술은 전 세대의 건강과 삶의 질 향상에 크게 기여할 수 있다. 유전자 치료부터 맞춤형 의약품, 웨어러블 헬스케어 기기에 이르기까지, 바이오 기술의 적용 범위는 매우 넓다. 특히 노화 관련 질병 예방과 치료, 어린이의 성장 발달 지원, 성인의 건강 관리 등 전 세대를 아우르는 바이오 기술개발이 중요하다.

전 세대가 공유할 수 있는 기술개발을 지원하는 것은 단순히 기술적 과제가 아닌 사회적 과제이다. 이를 위해서는 정부, 기업, 연구기관의 협력이 필수적이며, 각 세대의 요구와 특성을 깊이 이해하고 반영하는 노력이 필요하다.

2. 기술주도 혁신으로 산업별 양질의 일자리 확대

기술혁신의 속도가 가속화되면서 산업 전반에 걸쳐 일자리의 성격과 구조가 급격히 변화하고 있다. 특히 인공지능, 로봇공학, 빅데이터 분석 등 첨단기술의 도입은 기존 일자리를 대체하는 동시에 새로운 형태의 고부가가치 일자리를 창출하고 있다. 이러한 변화 속에서 기술주도 혁신을 통한 양질의 일자리 확대는 국가 경제 발전과 사회 안정을 위한 핵심 과제로 부상하고 있다.

제조업 분야에서는 스마트 팩토리와 디지털 트윈 기술의 도입으로 생산 프로세스가 혁신적으로 개선되고 있다. 세계경제포럼 WEF의 보고서에 따르면, 이러한 기술혁신으로 인해 2025년까지 제조업 분야에서 약 1,200만 개의 새로운 일자리가 창출될 것으로 예측된다. 특히 디지털 트윈 엔지니어, AI 시스템 관리자, 로봇 협업 전문가 등 고도의 기술력을 요구하는 새로운 직종이 등장하고 있다.

서비스 산업에서는 AI와 빅데이터 기술을 활용한 개인화 서비스가 확대되면서, 데이터 분석가, AI 윤리 전문가, 고객 경험 디자이너 등 새로운 직군이 급부상하고 있다. 특히 금융 분야에서는 핀테크 혁신으로 인해 블록체인 전문가, 사이버보안 전문가 등의 수요가 크게 증가하고 있다.

우주산업, 바이오산업 등 신성장 동력 산업의 육성은 고급 인

력 수요를 창출하는 핵심 전략이다. 한국항공우주청^{KASA}은 2045
년까지 2,000개 이상의 혁신적인 우주기업을 육성하고, 약 50만
개의 일자리를 창출할 계획을 발표했다. 이는 기술혁신이 단순히
기존 일자리를 대체하는 것이 아니라, 새로운 산업 생태계를 조
성하고 양질의 일자리를 창출하는 원동력이 될 수 있음을 보여
준다.

기술혁신이 양질의 일자리 창출로 이어지기 위해서는 포용적
접근이 필요하다. 이를 위해서는 기술 변화에 적응할 수 있는 인
력을 양성하는 교육 시스템 개선이 필요하다. 중소기업에 첨단기
술 도입을 위한 자금 지원 및 컨설팅을 제공하고 규제 샌드박스
를 확대하여 신기술 기반 비즈니스 모델의 실험 기회를 제공할
필요도 있다.

기술주도 혁신이 일자리 대체 위협이 아닌 새로운 기회의 원
천이 될 수 있도록 정부, 기업, 교육기관의 협력이 필요하다. 이를
통해 기술혁신의 혜택이 전 산업과 사회 계층에 고르게 분배되
어 기술 발전과 일자리 창출의 선순환 구조를 확립하고, 지속 가
능한 경제성장을 실현할 수 있다.

3. 혁신기술 적용으로 대기업과 중소기업 갭 메우기

디지털 전환과 혁신기술의 급속한 발전은 기업의 경쟁력과 생산성 향상에 큰 영향을 미치고 있다. 이러한 기술혁신의 혜택이 대기업과 중소기업 간에 불균형하게 분배되면 양극화 현상이 심화할 수 있다. 그러나 혁신기술 적용이 중소기업의 생산성 향상과 첨단산업화로 연계된다면 한국의 고질적인 대기업과 중소기업 간의 격차를 줄이는데 기여할 수도 있을 것이다.

중소기업은 전체 기업의 99%를 차지하며, 고용 창출의 핵심 주체로 국가 경제의 근간을 이루고 있다. 그러나 대기업과 비교해 자금, 인력, 기술력 등의 부족으로 인해 혁신기술 도입에 어려움을 겪고 있다. 이러한 격차를 해소하기 위해서는 정부 지원정책이 강화되어야 하며 다양한 분야에서 직간접 지원이 필요하다.

중소기업의 초기 투자 부담을 줄이고 첨단기술에 대한 접근성을 높이기 위해 클라우드 기반 솔루션을 활용하도록 지원해야 한다. 중소기업의 성장 단계와 필요에 맞춰 점진적으로 디지털 역량을 확장할 수 있는 모듈식 플랫폼을 도입하도록 지원하는 것도 필요하다. 또한 산학연 협력 생태계를 구축하여 중소기업, 대학, 연구소 간의 긴밀한 협력을 통해 혁신적인 기술을 개발하고 상용화하는 과정을 가속화 한다. 중소기업 직원들의 디지털 역량 강화를 위한 교육 프로그램을 제공하는 것도 격차를 줄

이기 위한 방안이다. 제조업, 서비스업 등 각 산업의 특성에 맞는
AI 기반 솔루션을 개발하고 보급하는 것도 지원할 필요가 있다.
제조업에서는 예측 유지보수 시스템, 서비스업에서는 개인화된
고객 경험 설계 등이 필요하다.

혁신기술의 적용을 통한 대기업과 중소기업 간 격차 해소는
단순히 기술 도입의 문제가 아닌 종합적인 접근이 필요한 과제이
다. 정부, 대기업, 연구기관, 그리고 중소기업 자체의 노력이 유기
적으로 결합할 때, 진정한 의미의 포용적 성장과 혁신 생태계 구
축이 가능할 것이다.

5
성장의 기초체력
업그레이드

현황과 쟁점

약화되는 성장기반 점검

첨단기술의 급속한 발전은 경제성장의 핵심 동력으로 여겨져 왔지만, 이로 인한 불균형 문제가 점차 심각해지고 있다. 특히 AI, 로봇공학, 빅데이터 등 첨단기술에 대한 집중적인 투자와 개발은 기업 간, 국가 간 격차를 더욱 벌리고 있다. 이러한 불균형 문제를 해결하고 지속가능한 기술혁신과 경제성장을 이루기 위해서는 기반이 되는 기초분야에 대한 투자, 그리고 이를 뒷받침할 수 있는 환경과 인력양성이 균형 있게 이루어져야 한다.

기술개발은 국가경쟁력과 경제성장의 핵심 요소로, 이를 지속적으로 추진하기 위해서는 체계적이고 전략적인 접근이 필요하다. 혁신환경 제공, 기초연구 지원, 국가 연구개발 제도 개선, 그리고 미래 기술 대비 등을 중심으로 한 방안들이 마련되어야 한다.

최적의 연구환경 제공을 통한 효율성 제고가 필요

효율적이고 지속적인 기술개발을 위해 국가 연구개발 제도의 개선이 필요하다. 연구개발 지원정책을 일관되게 유지하며 지속가능한 연구개발 환경을 조성해야 한다. 도전적인 연구를 통해 혁신이 일어날 수 있도록 R&D 체계를 변화시키고, 한편으로는 연구자들이 안정적 연구를 진행하고 장기적 비전을 가질 수 있게 지원해야 한다.

기초연구는 혁신적인 기술개발의 토대가 되는 중요한 단계이다. 기초연구를 위한 첨단 연구 시설과 장비를 갖추어 인프라를 구축하고, 연구자들에게 최적의 연구환경을 제공하여 기술개발의 효율성을 높이는 것도 중요하다.

기술개발을 통한 성장이 지속가능하려면 미래 기술에 대한 준비가 필수적이다. 미래 기술과 산업 동향에 대한 깊이 있는 분석을 통해 잠재적인 기술 기회를 발견하고, 이에 대한 연구개발을 선제적으로 추진하기 위해서는 바이오, 수소 등을 비롯한 다양한 분야에 걸친 연구개발이 지속되고 있어야 한다.

기술개발을 통한 지속가능한 성장은 기초연구 지원의 강화, 국가 연구개발 제도의 효율성 제고, 미래 기술 대비 전략의 수립을 통해 달성될 수 있다. 이러한 통합적인 접근은 국가의 경쟁력을 높이는데 기여할 것이다.

대응 방향

1. 실패가 용인되고, 탁월함이 보상받는 혁신환경

세계적인 혁신 강국으로 도약하기 위해서는 실패를 용인하고, 탁월함을 보상하는 환경을 조성할 필요가 있다. 이를 위해서는 실패 데이터를 축적하고 공유하는 시스템을 구축해야 한다. 연구개발 과정에서 발생하는 실패 사례를 분석하고, 이를 데이터베이스화하여 연구자들이 참고할 수 있도록 지원한다. 미국 DARPA^{방위고등연구계획국}와 같이 연구 실패에 대한 상세한 보고서를 작성하도록 의무화하고, 해당 데이터를 연구 커뮤니티와 공유하여 공동학습하는 방안도 있다. 실패한 프로젝트라도 혁신성에 대한 평가가 필요하다. 이러한 실패 사례는 정책결정에도 피드백되어 활용할 필요가 있다.

도전적인 연구를 장려하는 R&D 지원체계 개편도 필요한데 혁신적인 연구는 실패 가능성이 크지만 성공할 경우 획기적인 성과를 가져올 수 있다. 혁신을 촉진하는 획기적인 보상체계 구축도 중요하다. 기업, 연구소를 가리지 않고 탁월한 성과에 대해 차별화된 보상이 제공되어야 한다. 첨단기술 분야인 반도체, AI 분야에서 인력 유출이 심화하는 현상은 능력에 따른 획기적인 보상체계를 수용하지 못하는 분위기와도 연계되어 있다. 차별화된 보상에 의한 동기는 지속적인 혁신을 가능하게 하며 우수인력에 대한 유입과 유지도 가능하게 해준다.

혁신은 도전에서 시작되며, 도전에는 필연적으로 실패가 따른다. 한국이 세계적인 혁신 강국으로 성장하기 위해서는 실패를 학습의 기회로 삼고, 혁신적 성과는 보상하는 환경을 조성해야 한다. 이를 위해 R&D 평가체계를 개편하고, 장기적이고 도전적인 연구를 지원하며, 창업과 기술 상용화를 촉진하는 정책을 강화해야 한다.

2. 기초분야에 대한 지속적인 지원으로 성장기반 유지

기초연구는 국가의 장기적인 혁신 역량과 경제성장의 근간이 되는 핵심 요소다. 2024년 기준 한국의 기초연구 예산은 2.63조 원으로, 전년 대비 1.7% 증가했다. 이러한 투자 확대는 세계 최초, 최고에 도전하는 혁신적 R&D로의 전환과 글로벌 R&D 경쟁력 강화를 목표로 하고 있다.

지속적인 기초연구 지원은 여러 긍정적인 효과를 가져온다. 첫째, 기초연구는 경제 전반의 혁신과 생산성을 향상시켜 장기적인 경제성장에 기여한다. 둘째, 기초연구는 지식 확산 효과가 크며, 이는 특히 신흥 시장의 혁신과 생산성 향상에 중요하다. 셋째, 기초연구 투자는 인적 자본의 질을 향상시키고 이는 다시 기술혁신과 경제성장으로 이어진다.

최근 AI 기술개발과 첨단산업 경쟁력 위기에 따른 집중 지원으로 기초과학에 대한 관심이 소홀해지고 있다. 그러나 기초분야에 대한 지속적이고 전략적인 지원은 국가의 장기적 성장기반을 유지하는 데 필수적이다. 한국은 연구개발 규모의 한계로 인해 대폭적인 기초연구지원 확대는 가능하지 않지만, 기초연구와 응용/개발연구 간의 균형을 유지하는 것은 중요하다. 또한 정책의 일관성을 유지하여 기초분야 연구역량이 유지되고 강화되도록 신뢰를 구축하는 것도 필요하다. 기초연구의 특성을 고려한 장기

적, 안정적 지원과 함께 연구자들의 자율성을 보장하는 정책이
지속되어야 한다.

3. 자율과 경쟁을 추구하는 국가 R&D 체계

국가 연구개발R&D 체계는 지속적인 혁신을 통해 글로벌 경쟁
력을 강화하는 데 주력하고 있다. 그러나 투자 대비 성과가 저조
하다는 비판과 차세대 성장동력 핵심기술 개발이 지연되고 있다
는 비판도 있다.

국가 R&D의 효율성 제고를 위해서는 성과평가 체계의 지속
적 보완이 필요하다. 연구자에게 부담이 되는 불필요한 행정 절
차를 줄이고 평가의 신뢰도를 높이는 노력이 필요하다. 또한, 연
구자와 연구기관의 자율성을 존중하는 평가체계를 통하여 창의
적이고 도전적인 연구환경이 제공되어야 한다.

경쟁과 자율의 확대를 통해 혁신·도전적 R&D 진흥을 위한
지원도 요구된다. 역동적이고 도전적인 연구 생태계 조성은 혁신
적 기술개발로 이어질 것이다. 공공연구기관의 자율성과 책임성
을 강화하여 장기적이고 창의적인 연구를 수행할 수 있도록 하
는 방향도 지속할 필요가 있다.

단기적·양적 성과 중심의 연구문화는 개선이 필요하다. 현재

한국의 R&D 시스템은 연구성과를 단기간 내에 수치화하여 평가하는 경향이 강한데, 이는 장기적이고 대규모의 연구 프로젝트를 수행하는 데 걸림돌이 될 수 있다. 미국이나 일본과 같은 선진국들이 장기적인 연구 프로젝트를 통해 획기적인 기술혁신을 이루어온 점을 고려할 때, 우리도 보다 유연하고 지속적인 연구 지원 시스템을 마련해야 한다.

한국의 국가 R&D 체계는 성과평가의 효율화, 자율성과 경쟁의 확대, 도전적 연구 지원 강화 등을 통해 글로벌 경쟁력을 지속적으로 높여가고 있다. 앞으로도 연구자의 자율성을 존중하고 전략적인 R&D 투자를 확대하여, 국가 혁신 역량을 극대화하는 노력이 필요하다. 이를 바탕으로 한국은 단순한 기술 추격 국가를 넘어, 과학기술 강국으로 도약할 기회를 가질 수 있을 것이다.

4. 융합과 기술순환을 통한 끊임없는 역량 개발

최근 기술 환경에서 성장과 혁신은 단일 기술의 발전만으로는 달성하기 어려우며 다양한 기술의 융합과 순환적 발전이 혁신의 새로운 원동력이 되고 있다. 기술 융합의 중요성은 여러 산업 분야에서 명확히 드러나고 있다. 자동차 산업은 전기차의 부상과 함께 배터리 기술, 소프트웨어 엔지니어링, 인공지능 등 다양한 기술이 융합되어 새로운 가치를 창출하고 있다.

기술의 순환적 발전도 주목해야 할 현상이다. 한 분야에서 발전한 기술이 다른 분야로 전이되어 새로운 혁신을 촉발하는 경우가 많아지고 있다. 또한 세계적인 공급망 불안정과 기술개발 및 확산의 급속한 속도로 인해 언제 어떤 기술이 국가경쟁력의 핵심으로 부상할지 예측하기 어렵다.

이러한 환경에 대응하기 위해서는 다양한 분야의 기술과 지식을 흡수하고 융합할 수 있는 개방적인 혁신 시스템을 구축해야 한다. 여러 기술 분야를 아우르는 다학제적 인재 육성도 필요하다. 기술 트렌드 모니터링을 강화하고 기술 융합과 순환에 빠르게 대응할 수 있는 능력을 기르는 것도 중요하다.

기술의 융합과 순환적 발전은 기술기반 산업의 성장을 위한 필수 요소가 되었다. 기술의 융합을 위한 환경 개선, 차세대 핵심 기술 역량확보를 위한 바이오, 수소, 양자 기술 등에 대한 전략을 개발하여 꾸준하게 지원하는 것은 정부의 몫이다.

6
도전하는
창의적 인재 육성

현황과 쟁점

경쟁력은 창의적이고 도전적인 인재에 의해 결정된다

미래 사회의 경쟁력은 창의적이고 도전적인 인재에 의해 결정된다. 그러나 한국에서는 이공계 인력의 전문직 쏠림 심화, 인구 감소 등의 문제로 인해 도전하는 창의적 인재를 육성하는 데 어려움을 겪고 있다. 이러한 문제를 해결하지 못한다면, 국가경쟁력 저하로 이어질 수밖에 없다. 한국은 천연자원이 부족할 뿐만 아니라 산업과 과학기술 발전단계도 미래 첨단 영역으로 나아가는 고도화 단계에 있으므로 풍부한 이공계 고급인력양성이 매우 중요하다. 따라서 과학기술 및 창의적 산업 분야에서 주도적인 인재를 양성하기 위한 정책적 대응이 필요하다.

낮은 사회적·경제적 보상과 이공계 기피

이공계 기피 현상은 우리 사회에서 오랫동안 지속된 문제다. 많은 학생이 공학이나 자연과학보다 의대, 약대, 로스쿨 등 전문직을 갖기 위한 학업을 선호하는 경향을 보인다. 이는 연구자에 대한 낮은 사회적·경제적 보상 때문이기도 하다. 과학기술 분야 연구자들은 많은 시간과 노력을 들여 학위를 취득하지만, 의사나 변호사, 대기업 관리자와 비교할 때 보상 수준이 낮고, 고용 안정성도 부족하다. 연구환경은 긴 근무 시간, 높은 성과 압박, 불안정한 연구비 지원 등의 문제를 안고 있다.

이런 현상은 혁신적이거나 도전적인 분야로의 우수인력 유입 감소로 이어지며 국가의 성장 가능성을 위협하고 있다. 창업·벤처기업에 대한 인식 부족도 이런 현상을 가속화 하는데, 미국과 중국에서는 창업과 벤처기업이 주요 인재들의 목표가 되지만, 한국에서는 스타트업 실패에 대한 두려움이 크고, 창업이 하나의 커리어 패스로 자리 잡지 못했다. 또한, 창업이 성공하더라도 대기업과 비교해 사회적 인정이 낮은 경우가 많다.

인구가 줄어들면서 자연스럽게 과학·공학·예술·기술 분야로 진출하는 인재의 수가 감소하고 있는 것도 국가경쟁력을 유지하는 데 필요한 핵심기술 개발 인력이 줄어드는 결과를 초래한다.

인재 육성을 위한 패러다임 전환과 실패를 두려워하지 않는 도전 문화, 창의적 직업에 대한 보상 강화, 글로벌 인재와의 협력 없이는 한국의 지속 성장은 불가능하다.

대응 방향

1. 융합적 STEAM 교육 강화

과학Science, 기술Technology, 공학Engineering, 예술Arts, 수학Mathematics을 결합한 STEAM 교육은 21세기 창의적 인재 양성을 위한 핵심 교육 방식으로 주목받고 있다. 특히, 기술 발전이 가속화되고 산업 간 경계가 모호해지는 현대 사회에서는 융합적 사고력과 문제해결 능력을 갖춘 인재가 더욱 중요해지고 있다. 그러나 우리의 교육 시스템은 여전히 주입식·암기 중심의 단편적 교육, 학문 간 칸막이, 창의성보다 성적 위주의 평가방식 등의 문제를 안고 있어 STEAM 교육의 활성화를 통한 인재양성이 시급하다.

STEAM 교육은 예술과 창의적 요소를 결합하여 과학·기술을 보다 직관적이고 재미있게 경험할 수 있도록 돕고, 이를 통해 학생들의 이공계에 대한 흥미를 이끌어내어 과학기술 인재를 유입하는데 기여할 수 있다.

STEAM 교육의 활성화가 이루어지기 위해서는 학교 교육과정 개편, STEAM 전문교사 양성, 기업 및 대학과의 협업 확대, 창의적 평가방식 도입과 교육 혁신과 같은 대책이 필요하다. 실질적인 STEAM 교육은 이공계 기피 현상을 완화하고 창의적 인재를 양성하여 글로벌 경쟁력 확보에 기여할 수 있다.

2. 유입, 유지, 성장 등 전주기를 고려한 이공계 인력정책

급속한 학령인구 감소와 이공계 기피 현상은 국가 성장동력을 꺼트리는 주요 현안이다. 이공계 인력이 다양한 경험을 활용하여 기술개발과 적용에 기여할 수 있도록 생애 전주기에 걸친 유연한 역할 개발이 필요하다. 이를 위해 유입, 유지, 성장의 전 단계를 아우르는 종합적인 이공계 인력정책이 요구된다.

유입 단계: 중장기 이공계 인력수급 예측을 바탕으로 선제적이고 장기적인 인력양성 계획을 수립해야 한다. 전공이 취업으로

이어질 수 있도록 우수한 환경의 일자리를 제공하여 인식을 제고할 필요가 있다. 이공계 대학생을 위한 장학금 확대와 연구 참여 기회 제공, 그리고 전문연구요원 제도의 유지 및 개선을 통해 우수 인재의 이공계 유입을 촉진할 수 있다. 또한 상대적으로 비율이 낮은 여성인력에 대한 유입정책도 필요하다.

유지 단계: 유입된 인재들이 이탈하지 않도록 안정적인 연구환경을 조성하는 것이 중요하다. 연구개발에 대한 정부 정책의 지속성과 연구인으로서의 긍지를 가질 수 있는 환경 제공이 필요하다.

성장 단계: 이공계 인력의 지속적인 성장을 위해서는 체계적인 경력 개발 지원과 일자리 연계가 필수적이다. 다양한 일자리 정보 제공 시스템 구축, 대학 내 전임연구원 채용 확대, 지역 산학연 연계 혁신생태계 구축을 통한 일자리 창출 등의 정책이 요구된다. 이공계 인력이 자기주도적으로 경력을 개발하고 취업과 연계할 수 있는 플랫폼 구축도 유용할 것이다.

이러한 전주기적 접근을 통해 우수한 이공계 인재를 유입하고, 안정적으로 유지하며, 지속적인 성장을 지원할 수 있다. 이는 단순히 인력양성에 그치지 않고, 국가 혁신 역량 강화와 경제성장으로 이어질 수 있는 중요한 전략이다. 정부, 교육기관, 연구기관, 기업이 협력하여 이공계 인력의 생애주기별 맞춤형 지원체계를 구축하고, 지속적으로 개선해 나가는 노력이 필요하다.

3. 자부심과 긍지를 가질 수 있는 문화 조성

　이공계 인력의 자부심과 긍지를 고취하는 문화 조성은 국가 과학기술 경쟁력 강화와 혁신생태계 구축을 위한 핵심 과제이다. 과학기술 인재가 자신의 전문성과 사회적 기여를 인정받고 국가 발전의 주체로 자리매김할 수 있도록 하기 위해서는 다각적인 접근과 체계적인 정책 실행이 필요하다. 이를 위해 다양성과 포용성 증진, 네트워크 강화, 경력 개발 지원, 사회적 인식 개선, 정책 결정 과정 참여 확대, 연구 환경 개선 등 다방면의 전략적 노력이 요구된다.

　인식 개선 및 문화 조성을 위한 정책은 필수적이다. 이공계 인력의 다양성과 포용성을 강조하는 인식 제고 활동을 지속적으로 추진해야 하며, 이공계 인력의 사회 기여에 대한 교육과 홍보를 강화하여 이들이 사회에 미치는 긍정적인 영향력을 널리 알리는 것도 중요하다.

　이공계 인력양성을 위한 정부 예산의 확대, 다양한 펠로우십 프로그램 등을 통한 지속적 기회 부여도 필요하다. 글로벌 연수 지원 프로그램을 통해 국제 경쟁력을 강화하는 활동 지원 등 미래의 이공계 인력들이 세계적으로 경쟁력을 갖출 수 있도록 지원해야 한다. 이러한 다각적인 방안을 통해 이공계 인력들이 존중받으며 전문성을 인정받는 환경에서 성장할 수 있도록 지원한다면 자부심과 긍지를 높일 수 있을 것이다.

이공계 인력의 정책 결정 과정 참여 확대도 중요하다. 과학기술뿐 아니라 주요 정책 수립 시 이공계 참여를 확대하는 등 사회 각 정책 결정 분야에 다양하게 참여할 수 있도록 하는 노력이 필요하다. 또한, 이공계 출신 고위공무원 임용을 확대하기 위한 특별 채용 트랙을 신설하여 정책 결정 과정에서 이공계의 목소리를 강화해야 한다. 이러한 종합적인 정책을 통해 이공계 인력들이 전문성과 사회적 기여를 인정받고, 국가 발전의 핵심 주체로서 자부심과 긍지를 가질 수 있는 문화를 조성할 수 있다. 이는 궁극적으로 우리나라 과학기술 경쟁력 강화와 혁신 주도 성장의 기반이 될 것이며 이공계 인력 유입으로 순환될 수 있다.

7

경력직 채용 중심 시장의
'청년 첫 일자리' 촉진

현황과 쟁점

대졸자 업무 역량에 대한 기대 약화

한국의 청년 실업률은 경제협력개발기구^{OECD} 회원국 중에서도 높은 수준이며, 특히 노동시장 진입의 어려움이 주요 문제로 지적된다. 최근 기업들이 신규 채용보다 경력직을 선호하는 경향이 강해지면서 무경력 청년층이 첫 일자리를 얻기 어려운 구조적 문제가 심화되고 있다(정기 공채 비중 '19.7월 49.6% → '24.7월 22.6% (인크루트, 2024.9)).

한국의 대학 진학률이 세계적으로 높은 수준임에도 불구하고 대졸자의 업무 역량에 대한 기업의 기대가 높지 않은 것도 경력직 채용 경향을 부추긴다. OECD 국제성인역량조사에 따르면, 한국은 각 나라별로 역량이 가장 높은 집단을 비교할 때는 하위권이고, 역량이 가장 낮은 집단을 비교할 때는 상위권이다. 역량이 낮은 집단의 수준은 나쁘지 않으나, 뛰어난 역량을 가진 집단이 약하다는 뜻이다. 대학 교육이 역량 강화에 중요한 역할을 하지 못한다고 해석할 수 있다. 2011~2012년 조사에 비해 2022~2023년 조사 결과에서는 성인 역량이 전반적으로 하락했다. 이는 대학 등록금 동결과 관련 있을 것으로 추측된다.

그 결과 대졸자가 산업 현장에서 실제로 요구하는 기술을 충분히 갖추지 못하고 있다는 인식이 크다. 산업구조는 빠르게 변하고 있고 AI, 데이터 분석, 소프트웨어 개발 등 4차 산업혁명과 관련된 디지털 직무에서 인력이 부족하지만, 대학에서는 이러한 실무 교육이 충분히 제공되지 않고 있다. 이로 인해 기업들은 청년들의 역량 부족을 이유로 채용을 꺼리고, 청년들은 노동시장 진입을 어려워하는 문제가 발생하는 것이다.

구조적인 구인 수요 약화

한국의 청년층은 과거보다 더 불안정한 고용 형태를 경험하고

있다. 2023년 기준으로 청년층(15~29세) 중 비정규직 비율이 40%
이상을 차지했으며, 대기업과 중소기업 간의 임금 격차도 확대되
고 있다. 이로 인해 대기업, 전문직에 대해 청년층의 수요가 쏠릴
수밖에 없고, 그러한 자리는 충분하지 않기 때문에 청년의 불안
이 가중된다.

한국에서 양질의 새로운 일자리가 충분히 창출되지 않는 상
황은 경제성장률의 구조적 저하와 밀접한 연관이 있다. 그러나
성장률을 다시 끌어올리기에는 장기적인 노력이 필요하기 때문
에 당면한 문제 해결에 집중할 필요가 있다.

대응 방향

1. 청년층의 첫 일자리 진입을 지원하는 정책

청년 무경력자가 취업할 수 있도록 기업에 대한 고용 인센티
브를 확대하는 것이 핵심이다. 경력이 없는 청년을 고용하는 기
업에 급여에 연동한 '청년고용보조금'을 지급하여 청년 고용을
촉진할 인센티브를 제공하는 것을 고려할 수 있다. 또한 중소기
업의 경우 대출 가산금리를 감면해주는 정책금리 인센티브를 제

공할 수도 있다.

독일은 기업이 무경력 청년을 채용할 경우 초기 2년간 고용보조금을 지급하는 정책을 운영하고 있으며, 프랑스는 'Jeunes en Mission' 프로그램을 통해 청년들이 공공 및 민간 부문에서 유급 인턴십을 통해 실무 경험을 쌓을 수 있도록 지원하고 있다. 한국도 이러한 사례를 참고하여, 청년층의 첫 일자리 경험을 늘릴 수 있는 인센티브를 제공할 필요가 있다. 또한, 네덜란드처럼 연령별로 차등화된 최저임금제 적용을 통해 청년의 첫 일자리 구하기가 쉬워지도록 유도할 수도 있다. 이는 뒤의 '노동개혁' 부분에서 논의한다.

2. 대학의 자율화를 바탕으로 한 실무형 교육의 강화

한국의 대학 진학률은 2024년 기준 73.6%로 세계적으로 가장 높은 수준으로 알려져 있다. 우리의 높은 교육열은 오랜 기간 성장을 뒷받침하는 동력으로 자랑스럽게 부각되었으나, 앞서 언급한 OECD 국제성인역량조사 결과에서도 드러나듯이 교육의 성과에 대한 회의가 생기는 것도 사실이다. 대학이 한편으로는 지식 산업의 중요성이 커지는 현실에서 최고 수준의 두뇌를 육성하는 역할을 제대로 하고 이윤을 추구하는 기업들이 집중하기 어려운 기초연구를 수행하며, 다른 한편으로는 기업 현장에서 요구되는 실무적 역량을 키울 수 있어야 한다.

중요한 점은 대학이 어떻게 역할 정립을 할 것인지에 대한 자율성을 가질 수 있어야 한다는 것이다. 한국의 대학들이 큰 차별성 없이 모두 비슷비슷한 종합대학을 지향해 왔다는 비판이 있어왔으나, 등록금 동결이 시작된 이후로는 재정적 어려움으로 말미암아 재정 지원을 하는 교육부의 방향 제시에 좌우되었다. 학령인구가 급속하게 감소하고 있기 때문에 대학들은 생존을 위한 경쟁에 직면하고 있으므로 등록금부터 지향하는 인재상까지 스스로 차별적 경쟁력을 찾아야 하는 상황이다. 따라서 정부 차원의 대학 통제는 해제되어야 한다.

실무형 교육에 대해서는 다양한 해외 사례를 찾을 수 있다. 독일의 '듀얼 교육 시스템'은 기업과 교육기관이 협력하여 운영되며, 청년들이 대학 졸업 전에 실무 경험을 쌓고 곧바로 취업할 수 있도록 유도한다. 싱가포르는 정부가 주도하는 'SkillsFuture' 프로그램을 통해 AI, 데이터 분석, 소프트웨어 개발 등 신산업 직군 중심의 맞춤형 교육을 제공하고 있으며, 이수한 교육에 대해 국가가 비용을 지원한다. 한국도 기업-대학 연계형 실무 교육 프로그램을 대폭 확대하고, 디지털 및 신산업 중심의 직업 교육을 강화해야 한다. 이를 통해 청년들이 실질적으로 노동시장에서 요구하는 역량을 갖추도록 지원할 필요가 있다.

3. 비정규직 보호법 완화를 통한 비정규직 보호

업무 역량이 검증되지 않은 청년의 구직이 쉬워지고 고용 안정성이 높아지기 위해서는 역설적으로 정규직이 아닌 계약직이 안정적으로 활용될 수 있도록 할 필요가 있다. 예를 들어 비정규직 일자리 중 가장 큰 비중을 차지하는 기간제 일자리('24.8월 기준 비정규직 846만 명 중 약 60%)는 2년을 초과해 사용할 경우 무기계약직으로 전환되어 해고할 수 없게 되기 때문에 2년 이전에 해고하는 일이 빈번하다(기간제 및 단시간근로자 보호 등에 관한 법률).

비정규직 근로자의 근로 조건 개선을 위하여 2007년 시행한 「기간제 및 단시간근로자 보호 등에 관한 법률」과 「파견근로자 보호 등에 관한 법률」은 '비정규직보호법'이라 일컬어진다. 그러나 기간제 근로자의 비중은 2003년 17.0%에서 19.2%로 증가하였고, 단시간 근로자의 비중은 2003년 6.6%에서 15.9%로 크게 증가하였다.[1]

이러한 법규정만 완화되어도 청년의 취업이 쉬워질 것으로 예상된다.

---

[1] 한국민족문화대백과사전, '비정규직보호법' (https://encykorea.aks.ac.kr/Article/E0079016) 2025.3.8. 접근

2부

자부심

Pride

UP

1
사회적 활력과 혁신을 위한 공공부문의 개혁

현황과 쟁점

군, 경찰 조직은 직무 특성상 명령-복종의 위계가 명확하고 인력 구성 면에서도 아래에서 위로 가면서 줄어드는 피라미드 형태를 특징으로 한다. 그런데 베이비붐 이후 인구가 급증하면서 안보와 치안의 필요에 따라 군과 경찰의 인력 충원이 증가했지만, 저출산과 인력조정으로 신규 충원이 감소하면서 이러한 인력 구성에 문제가 나타나기 시작하였다.

경찰의 경우, 순경은 정원에 미달하고 있는 반면, 경위·경사 등 중간계급은 정원을 초과하는 현상이 나타나고 있다. 그 결과, 조직의 하부에서는 직급별 업무 수행에 차질이 생기고 있으며(일선 지구대에서 치안 업무를 담당할 인원이 부족해지는 것이 대표적인 예), 조직의 중간에서는 승진 적체 등으로 사기가 저하되고 있다.

군과 경찰의 퇴직후 진로의 문제는 이러한 문제를 더욱 심화시킨다. 군, 경찰과 유사한 조직과 인력 구조를 지닌 검찰의 경우 퇴직 이후 변호사 전직이 용이할 뿐 아니라 전관예우 등으로 혜택을 받을 수 있는 반면, 군, 경찰 등에서는 퇴직후 대안이 부족해서 조직에 남을 수밖에 없는 상황이다.

인구변화로 영향을 받는 공공부문은 군, 경찰 외에도 교육기관이 있다. 10년 전까지만 해도 안정적 직업으로 선호대상이었던 초, 중, 고 교원이 기피직업으로 바뀌어가고 있다. 수험생들의 교육대학, 사범대학 지원이 크게 줄고 있으며, 교사들의 조기퇴직 또한 지속적으로 늘고 있다.

이러한 변화를 가져온 요인은 다양하고 복합적이지만, 우선적으로 고려할 점은 저출산에 따른 학령인구 감소이다. 지방은 물론 대도시에서도 초등학교 폐교 위기가 현실화되고 있으며, 이러한 추세가 중, 고등학교로 이어질 전망이다.

저출산으로 인구가 감소하는 상황에서는 인구의 양보다 질에 초점을 맞춘 인력의 고도화가 중요하다. 이를 위해서는 교육의 질을 향상시켜야 한다. 그런데 미래에 필요한 양질의 인성교육, 시민교육, 창의성교육을 담당할 우수하고 사명감을 가진 교원들이 필요함에도 불구하고, 교원에 대한 기피로 인해 공급이 부족한 현상은 심각한 문제가 아닐 수 없다.

저출산·고령화에 대한 적응적 대응의 필요성이 절실하다

이제까지 정부는 저출산·고령화 예산을 출산장려에 집중적으로 투입했다. 그러나 그 성과는 매우 미약해서 투입 대비 성과 측면에서 예산 낭비가 심각하다. 물론 출산장려 자체가 불필요한 것은 아니지만, 보다 실효성 있는 대책이 필요하다. 그러나 그에 못지않게 오랫동안 지속되어 왔고 한동안 지속될 한국 사회의 구조적 변화에 적응하고, 향후 지속, 심화될 것으로 예상되는 문제들을 미리 예측하고 이에 적극 대응할 필요가 있다.

대표적인 예가 국가의 기본 서비스를 담당하는 공공부문에서의 인력구조 변화에 적극 대응해서 국가의 기본 질서를 유지하고, 국민들의 안전과 편익을 지켜주는 것이다. 저출산·고령화로 인한 인력구조의 변화는 분명 현재 위협으로 다가오지만, 이를 적극적으로 활용해서 미래지향적인 개혁의 계기로 삼으려는 태도와 준비가 필요하다.

공공부문의 사기와 동기부여의 위기가
심각한 상황이다

현재 공공부문에서는 중간 및 상부에 기성세대가 다수를 차지하고 있으며, 젊은 세대의 군인, 경찰, 교사 등은 기성세대 중심의 조직 문화와 제도, 규칙이나 일하는 방식에 대해 불만과 실망이 큰 상황이다. 정치권이나 행정부에서도 군, 경찰, 교원을 필요할 때는 활용하고 문제가 발생하면 책임을 전가하는 방식으로 대하며, 이들의 사기를 저하시켰다.

공공부문의 특성상 상명하복의 분위기가 강하고, 외부로부터의 경쟁이나 자극에 둔감한 상태에서 과거로부터 지속되어온 방식에 안주하려는 경향은 젊은 세대로 하여금 공공부문의 일자리에 대한 관심이나 동기부여를 저하시키고 있다. 게다가 고령화되고 있는 사회적 분위기에서 조직의 중간과 상부에 위치한 기성세대 역시 개인의 미래에 대한 불안과 심화된 경쟁 속에 개인적 가치와 이해를 우선시하는 경향이 강해져 공공부문에 요구되는 공공가치에 대한 신념과 헌신은 약화될 우려가 높다. 최근 들어 군, 경찰, 교원 등이 일으킨 일탈과 범죄들은 이러한 사기 저하 및 동기부여 감소와 밀접한 관련이 있다고 볼 수 있다.

사회적 활력 회복과 혁신을 위한
공공부문 개혁이 시급하다

저출산·고령화로 인한 인구감소와 지속되어온 경제 저성장 속에서 미래의 불확실성에 적극적으로 대응하려면 과거의 관성과 비효율에서 과감하게 벗어나야 할 필요가 있다. 고도성장기에는 어느 정도의 비효율에도 불구하고 인원과 재원의 대규모 투입을 통해 산출을 늘리는 방식이 작동했지만, 지금처럼 국가 간 경쟁이 심화되고 혁신과 협력이 요구되는 상황에서는 관성과 비효율에서 탈피해 효율성을 중시하고 활력을 높여서 혁신을 지향해야 지속적인 성장과 삶의 질 제고가 가능하다.

한국 사회는 민간부문에 비해 공공부문의 효율성과 경쟁력이 낮다는 것이 일반화된 사실이지만, 이제는 더 이상 낮은 효율과 저조한 혁신이 용인될 수 없는 상황에 이르렀다. 민간부문의 활력과 혁신의 발목을 잡지 않고, 젊은 세대와 기성세대가 모두 자부심을 갖고 공공가치를 위해 헌신할 수 있도록 공공부문의 제도적 개혁이 시급하다.

대응 방향

1. 공공가치를 위한 헌신과 노력에 대한 정당한 보상과 자긍심 부여

과거 공공부문의 인력들은 민간부문에 비해 낮은 보수를 신분과 고용의 안정 및 연금으로 보상받았다. 또한 피라미드적 위계에서 상명하복의 문화는 젊을 때 고생하고 나이가 들면서 승진을 통해 권위와 명예를 지향하는 것으로 유지되었다. 사회경제적 성장·발전과 함께 조직도 성장·확대하는 시기에 근무를 했던 베이비붐 세대까지는 이러한 방식이 무리 없이 작동하였다.

하지만 지금은 이러한 과거의 시스템이 작동하지 못하게 바뀌었다. 우선 젊은 세대의 가치관이 바뀌면서 미래를 위해 현재의 욕망을 유예하거나 고생을 인내하려는 성향이 매우 약해졌다. 이에 덧붙여 미래의 불확실성이 전반적으로 높아질 뿐 아니라 지속된 승진적체 상황에서 조직에서 개인이 느끼는 불확실성이 더욱 높아져 개인들은 미래보다 현재를 더욱 중시하게 되었다. 그 결과가 조직으로부터의 이른 퇴직과 같은 이탈이다. 이러한 문제는 세대의 문화나 성향의 문제가 아닌 주어진 상황에 대한 합리적 대응이다.

그렇기 때문에 문제를 해결하려면 인센티브 구조를 바꾸어야 하며 개인들의 생각을 바꿀 것을 기대할 수는 없다. 군, 경찰, 교원들에게 현재의 헌신과 봉사에 합당한 보수를 지급하여야 한다. 또한 자신의 일과 역할에 자긍심을 갖도록 지원을 해야 한다.

2. 공공부문의 조직문화의 대대적 혁신

민간부문에 비해 신분과 고용의 보장 정도가 높은 공공부문에서는 조직문화가 과거의 관성을 유지하려는 특성이 강하다. 그 결과 젊은 세대의 불만이 높을 뿐 아니라 조직 업무의 비효율도 나타난다. 물론 모든 공공부문 조직들이 그렇지는 않지만, 여전히 과거의 조직문화가 유지된 경우가 많은 것이 현실이다. 이러한 관료적 조직문화에 대한 대대적 혁신이 필요하다.

민간부문과 공공부문의 조직문화 격차가 커질수록 공공부문은 민간부문의 혁신이나 개혁의 걸림돌이 될 가능성이 높다. 또한 과거의 잔재가 많이 남은 조직문화 때문에 인재들이 공공부문보다 민간부문으로 진출할 가능성도 높아진다. 공공부문 조직들이 인구감소와 저성장 속에서 효율적으로 민간부문의 혁신을 지원하고, 국민에게 필요한 공공 서비스를 원활하게 제공하기 위해 인재들을 충원하고자 한다면 공공부문의 조직문화를 보다 수평적이고, 혁신적이며, 유연하게 바꾸는 것이 절실하다.

이러한 혁신을 위해서는 정치권과 정부가 모두 필요성에 공감하고 외부의 제안에 개방적이어야 한다. 또한 기관장들이 적극적으로 조직문화 혁신을 이끌고 지원해야 한다.

3. 군·경찰의 중간 퇴직 인력에 대한 경력지원

앞서 언급한대로 군·경찰은 조직에 대한 고도의 헌신과 충성을 요구하지만 막상 조직을 떠나 퇴직하면 이후의 진로와 생계가 불안하다. 바로 이런 이유 때문에 능력있는 인재들은 기피하거나, 취직한 뒤에 빨리 퇴직해서 법학전문대학원과 같은 대안적 진로를 모색하고, 그 밖의 대안을 찾기 힘든 사람들은 불만이 있거나 불안하더라도 조직에 남게 된다.

이러한 상황을 벗어나 성과가 높고 조직에 필요한 인재들을 중심으로 조직을 혁신하려면 조직에서 퇴직하는 사람들에게 대안적 경력의 가능성을 열어줄 필요가 있다. 경찰의 경우 해외에서 실시하는 민간 탐정 자격과 같은 제도를 도입하는 것도 검토할 만하며, 군인의 경우 민간 부문의 취업 알선과 함께 공공부문에 적절한 분야로의 취직 기회를 열어주는 것도 검토할 수 있다.

2
집중 지원을 통한 지역 격차 해소로 국토 자부심 고양

현황과 쟁점

지방 소멸 위기

한국은 수도권과 비수도권 간 인구·경제력 집중 격차가 심화되면서, 지방 소멸 위기를 맞고 있다. 특히, 지방 중소도시는 청년층 유출, 산업 기반 붕괴, 인구 감소 등의 문제로 인해 지속가능성이 위협받고 있다. 지방 소멸은 단순한 지역 경제 위축을 넘어, 국가 전체의 성장 잠재력을 저해하고, 사회 불균형을 심화시키는 요인으로 작용한다.

지역 문제의 핵심은 지방 경제의 산업 기반 붕괴 및 일자리 부족 문제다. 많은 지방 도시들은 기존 제조업 중심의 산업 구조에서 탈피하지 못하고 있으며, 글로벌 경쟁력 약화로 인해 일자리 감소가 심각하다. 한국의 경우 2015년을 기점으로 수도권 지역총생산GRDP이 과반이 된 후 급속하게 그 비중이 증가하고 있다. 특히, 자동차·조선·철강 등 전통 제조업이 중심이었던 지역들은 산업 전환이 지연되면서 청년층의 유출이 가속화되고 있다. 디트로이트와 같은 미국의 쇠퇴한 공업도시 사례에서도 볼 수 있듯이, 산업 전환이 늦어질 경우 지역 경제의 회복이 어렵다는 점이 지적된다.

지역의 GRDP 비중 추이

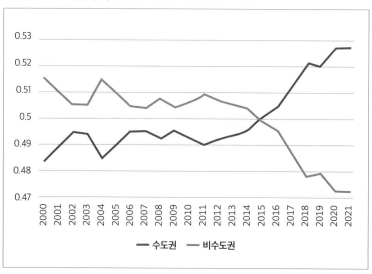

자료: 통계청 국가통계포털 「지역소득」

지역 정주 여건의 악화

산업 기반 붕괴와 악순환을 보이는 심각한 문제는 지역의 생활 인프라 부족 및 정주 여건의 악화다. 지방의 주거, 교육, 의료, 문화 시설이 수도권에 비해 열악하여, 청년층과 고급 인력이 지방에 정착하기 어려운 구조가 형성되어 있다. 특히, 지방 중소도시에서는 인구 감소로 인해 학교가 폐교되고, 의료기관이 축소되며, 대중교통 접근성이 낮아지는 문제가 발생하고 있다. 반면, 수도권은 과밀화와 주택 부족으로 인해 주거비 상승과 교통난이 심각해지고 있다. 즉, 수도권과 지방 모두가 지속가능하지 않은 구조로 가고 있는 상황이다.

대응 방향

1. 지식-산업-인프라 연계의 핵심 지역 지정

한국의 지방 경제가 지속가능한 성장을 이루기 위해서는 기존 전통 산업에 의존하는 구조에서 벗어나 신성장 산업을 중심으로 산업 다각화를 추진하는 것이 필수적이다. 전 장 '도전 UP'

에서도 산업을 중심으로 한 클러스터 형성의 중요성이 강조된 바 있다. 이를 위해 다음과 같은 정책이 필요하다.

지역별 특성에 맞는 신성장 산업을 육성하되, 지원하는 지역 숫자를 제한하고 지원을 집중해야 한다. 해외 실패 사례로는 미국 디트로이트의 자동차 산업 몰락이 있다. 20세기 중반까지만 해도 미국 자동차 산업의 중심이었던 디트로이트는 산업 다변화를 추진하지 못하고 특정 산업에만 의존하는 바람에 글로벌 경쟁력이 약화되면서 경제가 붕괴했다. 반면, 성공 사례로는 독일의 '루르 산업 전환' 모델이 있다. 독일 루르 지역은 20세기 초반까지만 해도 석탄과 철강 산업에 의존했으나, 환경 규제와 산업 쇠퇴로 인해 경제적 위기를 맞았다. 그러나 지방 정부와 연방 정부가 협력하여 신재생에너지, 문화 산업, IT 산업을 유치하면서 지역 경제를 재건하는 데 성공했다.

한국도 이를 참고하여 연구 역량을 갖춘 지역의 대학과 산업, 중앙정부 및 지자체가 지자체 칸막이를 넘어 역량을 집중할 수 있는 소수의 클러스터를 육성해야 한다.

2. 생활 인프라 개선 및 정주 여건 강화

청년층이 지방에서 정착할 수 있도록 하기 위해서는 주거·교통·교육·의료 인프라를 개선하는 정책이 필요하다. 일본은 지방 소멸을 방지하기 위해, 인구 감소 지역에 공공·민간 서비스 인프라를 집중 배치하는 '압축 도시' 정책을 추진하고 있다. 총 인구가 감소하는 상황에서 인구 감소가 빠른 지역에 지원을 할 경우 오히려 재원이 낭비될 위험이 크므로, 인구 감소가 그중 더딘 지역에 지원을 집중하여 제대로 된 클러스터를 육성하는 것이 효과적이다.

특히 교육과 의료 인프라는 젊은 인구와 노령 인구 모두를 잡기 위해 반드시 필요한 인프라이기 때문에 일정 수준을 담보하기 위해 클러스터화가 필요하다. 그러나 모든 지역 인구를 클러스터 안에만 거주하도록 강요할 수 없기 때문에 집중된 인프라를 골고루 누릴 수 있도록 공공 교통망을 확충하여 지방 간 접근성을 높여야 한다. 지금까지는 교통 인프라가 서울로의 접근성에 초점이 맞춰져 있었으나, 앞으로는 클러스터의 핵심과 그 주변 지역의 접근성을 개선하여 소수 클러스터에 힘을 실어주는 방향이어야 한다. 이러한 개선안에는 광역철도나 도심 항공 모빌리티^{UAM} 등 새로운 형태의 교통망 확충을 포함할 필요가 있다.

아울러 소수의 클러스터에 대한 방안이 마련되면 지역 금융 시장을 육성하고, 기업과 창업가들이 지방에서 성장할 수 있도록 지원하는 것이 필수적이다. 지역에 투자하는 기업과 개인에게 법인세, 소득세 감면 등 세제 혜택을 제공하는 '지역 투자 세제 혜택' 제도가 필요하다. 또한 지역 중소기업 및 스타트업을 위한 '지역 창업 펀드' 조성도 고려할 수 있다.

3
좋은 이웃 정책Good Neighbor Policy을 통한 주변국 외교 업그레이드

현황과 쟁점

국제정세의 불확실성이 증대

한반도 주변 정세는 최근 들어 신냉전이 도래하고 있다고 할 수 있을 정도로 악화일로를 걷고 있다. 트럼프 대통령의 대외정책은 미국의 국익을 최우선으로 삼는 미국 제일주의America First에 중심을 두고 있으며, 국제사회 규범과 전통적 동맹 체계를 존중하지 않음으로써 전통적인 동맹관계를 발전시켜 온 한미 관계에 도전 요인을 야기하고 있다. 또한 경제적인 측면에서도 국제사회에 대한 과도한 관세 부과를 통해 국제 및 국내 경제 질서에 불확실성을 키우고 있다.

한편, 중국의 공세적 외교가 지속되는 가운데 2016년 사드 배치 이전의 한중 관계는 기대하기 어려운 상황이 되고 말았다. 러시아 역시 우크라이나 전쟁 이후 강화된 북러 관계를 고려할 때 탈냉전 이후 최악의 상황이라고 말할 수 있다. 그나마 한일 관계가 개선되고 있다고 말할 수 있으나, 양국 모두 국내 정치적 상황이 불안정하여 언제라도 불안정한 상황으로 회귀할 수 있다. 대한민국의 주변국 관계는 한미동맹 및 남북 관계와 영향을 주고받는 복합적인 문제이며, 동시에 우리 경제에 가장 큰 영향을 미치는 핵심 사안이다.

동북아에 미치는 미중 전략경쟁의 파장

향후 미중 전략경쟁으로 인해 외교안보 분야 악재들이 더욱 많아질 것으로 예상된다. 트럼프 행정부의 요구에 부응하며, 한미 전략동맹을 강화할 경우 중국으로부터 더 큰 압력 요인이 발생할 전망이다. 한중 간 전면적 대결은 피하며 상호 존중의 관행을 만들기 위한 체계적인 대중 전략이 필요하다. 최근 호전되고 있는 한일 관계는 역사 인식에서 비롯되는 위험 요인 관리가 필요하다. 현재와 같은 우호적인 분위기가 양국 사회에 정착되고,

올바른 역사 인식의 기틀이 마련되며, 양자적 차원에서 반일·반한 정서를 해소할 방안을 강구해야 한다. 한러 관계는 우크라이나 전쟁 종전 이후를 설계해야 한다. 과거 한러 관계가 전략적 협력관계로 발전하지 못한 근본적인 원인을 찾고, 북러 동맹조약을 넘어설 수 있는 준비가 필요하다. 동시에 대중, 대일, 대러 정책의 상호연계성을 잘 파악하고 국익을 극대화할 최적의 대안을 찾아야 한다.

대응 방향

1. 주변국 외교 전략으로서 '좋은 이웃 정책'

대한민국은 평화애호국으로서 역내 평화 정착과 주변국 관계 개선을 위해 노력해 왔다. 하지만 지역적 차원의 외교 전략을 체계적으로 이행하지 못하고, 단편적으로 한중, 한일, 한러 양자관계를 관리하는 수준에 머물렀다. 박근혜 정부의 '동북아평화협력구상'과 같은 역내 다자협력 제안도 있었지만, 강대국 간 역내 경쟁과 국내 정치적 변화로 인해 꾸준히 추진되지 못했다. 이러한 한계를 극복하기 위해 주변국 외교 전략을 새롭게 구상하고, 그 이행 방안을 체계화해야 한다.

대한민국의 주변국 외교 전략은 우리의 국익과 능력의 범위 내에서 기획되어야 한다. 평화와 번영이라는 국익을 지향해야 하며 주변국 모두를 이끌고 가기 어려운 현실적 역량의 한계도 반영해야 한다. 동시에 역내 평화애호국으로서 대한민국의 의지를 표명함으로써 주변국의 긍정적 호응을 이끌 필요도 있다. 이를 고려하여 '좋은 이웃'을 대외정책 개념으로 강조할 필요가 있다. 동 개념의 전략적 의미는 주변국과의 관계에서 대한민국이 선제적으로 공세적 행보를 보이지 않겠다는 의지의 표현이며, 양자관계 개선과 역내 소다자 협력을 통해 지역의 평화와 번영을 앞당기겠다는 전략적 의미를 내포하고 있다. 동시에 상대국의 오해를 살 수 있는 '전략'이라는 표현 대신 '정책'이라는 표현을 통해 숨은 의도가 없다는 점도 제시할 수 있다.

주변국 외교 전략은 단순히 외교적 수사에 머물러서는 안 되며, 구체적인 행동으로 이어져야 한다. 각각의 양자관계 외에도 한·미·일, 한·중·일과 같은 소다자 협력을 적극 추진하며 역내 대화와 협력에 기여해야 한다. 당장 커다란 성과를 내지 못한다 해도 일관되게 좋은 이웃으로 역할을 할 때 중장기적으로 주변국 외교에서 성과를 기대할 수 있다.

2. 트럼프 2.0 시대 한미동맹 강화

트럼프 대통령 발 한미동맹 위험요인을 관리해야 한다. 과도한 상호 관세를 포함한 트럼프 2기 행정부의 다양한 요구를 조기 정상회담 개최를 통해 조율해 내야 한다. 안보적 차원에서는 미국의 대중전략에 대한 한국의 협력 문제, 미국의 대북정책과 북핵 협상의 파장 관리, 한미 연합군사훈련 문제, 주한미군 주둔비용 분담 문제, 주한미군 감축 문제, 한국의 안보 우려 해소 문제 등이 현안으로 등장할 수 있다. 경제 분야에서는 미국의 관세 및 수출통제, 한미 무역수지 균형, 대미 투자 확대, 한미 FTA 재협상, 공급망 안정성 협력, 한미 조선 협력 등 다양한 문제들이 제기될 수 있다. 이 중 대다수는 도전 요인이지만, 일부 기회 요인도 존재한다. 따라서 대통령 선거 이후 풀어야 할 핵심 현안들을 불협화음 없이 관리하며, 한미 간 포괄적 논의 과정에서 양보와 관철, 그리고 미측의 추가 지원을 이끌어야 한다.

먼저 한미동맹 핵심 사안에 대한 정상 차원의 공감대 형성이 필요하다. 트럼프 대통령은 주한미군 주둔 비용 특별협정SMA 재협상을 요구할 가능성이 높다. 미국은 최대한의 인상을 추진할 것이고, 우리는 북핵 억제력을 강화하는 데 있어 미국의 지원을 받아내는 데 중점을 두어야 한다. 인상이 불가피하다면 미국 군함의 유지보수MRO 비용을 분담하도록 하며, 미국에 지출하는 비용이 MRO에 참여하는 한국 기업에 다시 흘러갈 수 있도록 함으로써 국내 경제에 이바지해야 한다. 주둔 비용 분담 문제가 잘 해결된다면 주한미군 감축 문제는 크게 대두되지 않을 것이다. 전시작전통제권 전환이나 연합군사훈련의 경우 기존 합의를 이행하되, 필요에 따른 유연성을 인정한다는 수준에서 한미 간 공감대를 만들어가면 충분할 것이다. 가장 민감한 사안은 주한미군의 전략적 유연성 문제다. 미국의 추가적인 요구가 예상되는데, 대만 유사시 우리의 입장을 먼저 정하고 적정 수준의 합의를 만들어야 할 것이다. 외교적으로는 "역내 힘을 통한 현상 변경을 반대한다"는 입장을 강조하며, 대만 유사시 한반도에서도 북한의 도발이 우려되기에 한국군의 독자적 역량 강화를 보장받는 방식으로 풀어야 한다.

북핵 문제에 대한 논의도 필요하다. 트럼프 대통령은 김정은과 좋은 관계를 강조하며 대화 재개 가능성을 시사하고 있다. 물론 미일 정상회담 등에서 '북한의 완전한 비핵화를 추구한다'는 입장을 표했지만, 트럼프 대통령의 정치적 판단에 따라 대화 가능성은 열려 있다고 보아야 한다. 만일 미북 정상회담이 개최된다 해도 북핵 문제 해결로 이어질 가능성은 크지 않으며, 동결 거래나 단순한 이벤트성 행사에 그칠 가능성이 크다. 문제는 동결 거래라는 불완전한 협상의 결과 북한의 핵 보유가 굳어질 가능성이 있다는 점이다. 이 경우 미북 대화 자체를 예방할 수 있으면 최선이지만, 그러기 어려울 것이므로 미북 대화의 결과로 발생하는 한국의 안보 우려를 근본적으로 해소할 방안을 미국으로부터 확보해야 할 것이다. 이를 위해 한미 핵 공유나 독자적 핵무장 등 모든 가능성을 열어두고 협의해야 한다.

셋째, 한미 경제협력을 위대한 동맹Make Alliance Great Again의 출발점으로 삼아야 한다. 트럼프 행정부의 과도한 관세정책과 무역수지 개선을 위한 통상 압박 등과 같은 보호무역 행태로 인해 경제적 위기가 도래하고 있다. 이를 극복하기 위해서는 '경제안보'를 한미동맹의 핵심 안건으로 다루어야 한다. 수출 주도형 한국경제를 유지하기 위해서는 한미 경제협력이 더욱 긴밀해질 필요가 있고, 이를 위해서는 과감한 대미투자와 미국산 에너지 구매, 그리고 트럼프 대통령이 언급한 바 있는 조선 협력 등을 매개로 한 경제적 전략 협력 관계를 구축해야 한다. 이러한 협력 과정에서 관세를 낮추는 협상을 병행함으로써 대미 수출 기반을 유지해야 한다.

3. 상생과 공영의 한중 관계

미중 전략경쟁의 여파를 최소화하며 경제협력을 지속하고 상호 존중의 관행을 만들어 내는 노력이 한중 관계에서 일관되게 추진되어야 한다. 미중 전략경쟁의 여파로 한중 경제 협력관계는 새로운 도전을 받고 있다. 중국과 국제무대에서 경쟁 중인 반도체, 배터리, 자동차 등의 영역에서는 새로운 기회 요인이 발생하지만, 미국의 중국산 물품에 대한 진입장벽 조치로 인해 우리가 중국에 판매하는 중간재의 경우 타격이 불가피해진다. 북핵 문제에 관해서도 중국은 북러 밀착을 불편해하면서도 북한 비핵화 문제에 침묵하고 있다. 이러한 중국의 행보는 북한 핵 문제를 더욱 악화시키는 원인이 되고 있다. 이러한 상황을 극복해 내면서 한중 관계를 관리하는 지혜가 필요하다.

먼저 경제적 차원에서는 한국 기업들의 경쟁력을 높이며 글로벌 시장에서 대중 경쟁력을 확보해야 한다. 중국과의 대결에서 경쟁력을 갖추어야 한중 관계에서도 상호 존중의 관행을 만들 수 있다. 동시에 대중 의존도를 낮추기 위해 대중 중간재 수출을 대체할 수 있는 시장을 창출해야 한다. 아세안, 인도, 유럽 등에 대한 중간재 공급망을 설계함으로써 중국발 경제위기 요인의 충격을 흡수해야 한다. 동시에 리튬, 코발트, 니켈 등 핵심 원자재 공급망의 다변화를 시도하고, 핵심 소재의 국산화율을 늘려나가는 노력도 지속해야 한다. 이미 대중 경제의존도는 줄어들고 있지만 중국의 영향력을 여전히 무시할 수 없다는 점에서 디커플링decoupling과 같이 획일적 표현을 삼가며, 좋은 이웃과 같은 선린정책을 표방하며 현실적인 타협을 추구해야 한다.

북한 문제와 관련해서는 역내 평화를 위한 다자적 노력을 강조하며 북중러 연대가 구축되는 것을 예방해야 한다. 현실적으로 한중 관계가 북핵 문제를 해결하는 핵심 동력이 될 수는 없지만, 북한의 대미 협상력 약화를 추구하기 위해 한중 관계가 기여할 수 있다는 점을 인식해야 한다.

끝으로 새로운 한중 협력 모델을 개발해야 한다. 2차 산업 중심의 한중 경제협력 모델은 이미 끝나가고 있다. 중국이 원하는 상품과 서비스를 찾아야 하며, 이를 위해 중국 사회의 변화를 읽어야 한다. 특히 중국 또한 고령화 사회에 접어들고 있다는 점에 착안하여 스마트 헬스케어·의료기기, 건강식품, 실버전용 IT·전자제품, 실버패션·뷰티 등 다양한 실버시장 진출 방안을 고민해야할 것이다. 이러한 분야에 경쟁력을 갖출 수 있다면 중국의 필요에 기반한 안정적인 한중 경제협력 관계를 만들어갈 수 있을 것이다.

4. 업그레이드된 한일 관계

미국 트럼프 2기 행정부의 등장과 미중 전략경쟁의 심화, 북핵 고도화와 북러의 밀착은 한일 관계의 중요성을 새롭게 부각시키고 있다. 자유민주주의와 시장경제의 가치를 공유하는 역내 국가는 일본이 유일하기 때문이다. 그러나 보수화되고 있는 일본의 국내 정치 지형의 변화로 역사문제에 관한 올바른 인식을 관철하기는 점점 더 어려워지고 있다. 한일 간 전략적 협력의 수요는 증가하고 있는데, 이를 뒷받침할 일본의 협력이라는 공급은 줄어들고 있다. 이러한 간극을 좁혀나감으로써 미래지향적인 한일 관계를 구축해야 한다.

먼저, 한일 간 전략적 협력의 필요성을 인식하고 공감대를 확산시켜야 한다. 미중 전략경쟁의 여파는 한일 모두에게 악영향을 미치고 경제적, 안보적 차원의 도전을 만들어 낸다. 따라서 한일 양국이 사전에 협력을 강화할 때 미국과의 동맹 관리나, 중국과의 협력 문제에 있어서 보다 유리한 여건을 조성할 수 있음을 인식해야 한다. 양국이 모두 동북아 지역 내 전략적 파트너임을 서로 인식할 때 올바른 역사 인식과 이에 따른 도전 문제를 극복할 수 있는 동력이 마련될 것이다.

다음으로 실질 협력의 관행을 만들어야 한다. 한일은 지난 수십 년 간 미래지향적 협력을 강화해 나갈 것을 천명했지만, 양국이 실질 협력을 통해 호혜적인 이익을 거둔 것은 많지 않다. 그나마 한미일 안보협력을 통해 안보 이익을 달성했다고는 할 수 있지만, 여기에는 미국의 역할이 컸음을 부인할 수 없다. 중요한 것은 자유민주주의와 시장경제라는 가치를 확산시키는 것과 동시에 양국이 모두 이익을 누릴 수 있는 호혜적인 프로젝트를 발굴하는 일이다. 예를 들면 저출산·고령화나 지방 활성화 문제를 모두 안고 있는 양국이 공동 프로젝트를 통해 이를 함께 극복해 낸다면 한일 관계를 업그레이드하는 데 도움이 될 수 있을 것이다.

끝으로 과거사 문제는 장기적 안목에서 올바른 역사 인식이 자리 잡을 수 있도록 노력해야 할 것이다. 민족적 자긍심을 견지하며 역사문제를 풀어가야 하지만 이러한 문제로 당면한 전략적 이익을 훼손해서는 안 된다. 이 양자를 병행한다는 인식 아래 새로운 협력 모델을 꾸준히 만들고, 교류를 확대하며 중장기적으로 다시 역사문제를 풀어가는 선순환 구조를 만들어야 한다. 따라서 올바른 역사 인식이 자리 잡을 수 있도록 주변 환경을 조성하며, 실질 협력을 지속하는 '투 트랙two track' 전략을 꾸준히 추진해야 한다.

5. 실질적 협력 기반 조성의 한러 관계

한러 협력은 탈냉전 이후 최악의 상황에 있다. 우크라이나 전쟁으로 인해 빚어진 양자관계의 갈등은 북러 동맹조약 체결과 북한의 러시아 파병으로 커다란 타격을 입게 되었다. 다만 우크라이나 전쟁 종전 노력이 성과를 거두게 되면, 한러 관계를 새롭게 시작한다는 마음으로 실질적 협력 기반을 새로이 조성해야 한다.

먼저 북러 간 협력을 제한해야 한다. 우크라이나 전쟁 종전 이후에도 북러동맹이 계속해서 강화될 경우 군사적 차원에서 대한민국은 커다란 위협에 직면할 수 있다. 러시아의 첨단 군사기술이 북한에 지속 이전된다면 우리의 안보 위협이 될 것이기 때문이다. 이미 북러 간 군사협력이 활성화되고 있다는 징후들이 여러 곳에서 목격되고 있기에, 한미 공조를 통해 우크라이나 전쟁 종전 과정에서 북러 간 협력을 차단하는 선제적인 노력이 필요하다.

다음으로 전쟁 이후 피폐해진 러시아 경제의 복원에 적극 참여함으로써 한국의 협상력을 강화해야 한다. 현재 러시아의 경제 상황은 최악으로 전해진다. 전후 복구가 필요하며 서방과의 협력은 제한된다. 물론 러시아와의 경제협력은 우크라이나 전쟁 종전 조건을 잘 지켜보며 진행해야 하지만, 러시아는 한국의 도움이 필요하다. 러시아는 중국의 자국 내 영향력이 확대될 것을 우려하며 한국과의 협력을 선호해왔던 전례가 있었기 때문이다. 따라서 서방 진영과의 관계를 고려하며 조심스럽게 전후 복구 사업에 참여해야 한다.

끝으로 지속 가능한 한러 경제협력의 모델을 만들고 성과를 거두어야 한다. 과거 한러 관계에서 우리는 수많은 대러 경제공약을 제시한 바 있다. 철도연결, 에너지, 농업 등 여러 사업이 제시되었지만, 실질적 성과를 거둔 적은 없다. 그 결과 러시아 측에서도 한국과의 협력에 커다란 기대를 하지 않는 모습이었다. 따라서 한러 간 지속 가능한 협력을 위한 성과사업을 발굴해야 한다. 러시아 극동지역은 넓은 영토에 비해 인구밀도가 너무 낮다는 문제점이 있다. 그렇기에 사업 기회가 적을 수밖에 없다. 다만 기후변화로 인해 과거 실패했던 농업 협력이 새로운 기회를 맞을 수 있으며, 북한 변화를 유도하며 물류사업을 개척할 수도 있다.

4
글로벌 외교 내실화를 통한
국익과 가치 증진

현황과 쟁점

외교적 배후지 구축

미중 전략경쟁의 파고 속에서 한국 외교의 배후지를 조성하고 충격을 흡수하기 위해서는 다양한 지역 차원의 협력을 강화해야 한다. 동시에 유엔이나 국제기구를 중심으로 대한민국이 지향하는 가치를 구현할 수 있는 다자외교를 강화해야 한다. 그간 대한민국은 글로벌 코리아를 목표로 지역 및 다자외교를 추진했다. 하지만 이제 그 수준을 한 차원 진화시킴으로써 실질적으로 국익을 창출해야 한다. 이를 위해서는 선언적인 외교적 수사를 넘어 경제적 협력 사업을 개발하고 이를 다시 관계 증진에 활용하는 체계적인 정책이 전개되어야 한다. 적극적인 다자 및 소다자 협력을 통해 다양한 외교적 도전과 불확실성에 대응할 수 있는 외교적 완충 공간을 만들어야 한다.

다양한 협력 파트너의 확보

미국과 동북아를 넘어선 대한민국의 핵심 파트너는 어느 지역인가. 그간 아세안, 호주, 그리고 유럽 및 중동 지역에서 한국과의 연대가 필요한 국가들과의 관계를 발전시킴으로써 정치적, 경제적 실리를 추구할 필요가 있다. 그러나 현재 진행형인 이들과의 협력에 새로운 동력을 확보해야 한다. 나아가 정체되고 있는 유엔 및 다자외교에서 한국의 역할과 리더십을 확보해야 하며, 글로벌 중추 국가로서 발돋움하기 위해 G7 플러스에 가입할 필요가 있다. 이 과정에서 대한민국이 추구하는 가치가 구현될 수 있도록 보다 적극적인 다자외교가 필요하며, 국제사회에 대한 기여와 국제사회로부터의 위상을 연계하여 확보해야 한다.

대응 방향

1. 아세안, 인도, 호주와의 지역적 협력 강화

인도·태평양 지역은 전 세계 해양의 65%, 그리고 국내총생산 GDP의 60%를 차지한다. 미중 전략경쟁 시대에 그 중요성이 부각되는 이유다. 인태지역 협력은 한국의 미래 외교 지평 확대나 경제적 번영 유지에도 핵심 과제다. 특히 전통적인 아세안 국가들과의 협력 외에도, 인도 및 호주와 협력을 확대함으로써 인도·태평양 협력의 중심축을 공고히 해야 한다.

먼저 아세안 국가들과의 협력을 내실화해야 한다. 아세안은 세계 5대 경제권을 형성하고 있으며, 우리의 제2위 교역대상국이다. 우리 수출의 17%를 차지하는 3대 수출시장이다. 이미 아세안과의 협력은 다양하게 이루어지고 있고 적지 않은 성과를 보고 있다. 다만 아세안과의 다자적 협력은 이들의 '아세안 중심성'으로 인해 별다른 진전을 보지 못하고 있다. 아세안이 역내 다자협력의 중심에 있어야 한다면서도 만장일치제를 채택하고 있는 관계로 의사결정이 너무 더딘 문제를 해결하지 못하고 있기 때문이다. 따라서 베트남과 인도네시아 등 핵심 협력국을 중심으로 다른 아세안 국가들과의 양자적 협력을 확대할 필요가 있다. 아세안 국가에게 대한민국은 정치적 영향력으로부터 자유로운 파트너라는 장점이 있다. 따라서 국가별 맞춤형 경제협력을 더욱 정교히 설계하고, 아세안 지역 차원의 다양한 소다자 협력을 추진해야 한다.

인도와의 협력은 최근 크게 발전하고 있다. 이미 세계 최대 인구 보유국인 인도는 경제적 잠재력이 중국 이상이다. 하지만 그간 인도와의 협력은 인도 내 의사결정의 속도, 지역적 특성 등으로 인해 많은 제한 요인이 존재한다. 이러한 제한을 극복하며 신흥 시장에 진출할 수 있을 때 미중 전략경쟁의 충격을 흡수할 수 있다. 따라서 보다 장기적인 안목을 가지고 인도의 국내 정치적 특성을 이해하며 자동차 및 인프라 산업 진출을 확대해야 한다. 동시에 인도가 포함된 미국 주도의 쿼드QUAD의 분야별 협력에 적극 참여함으로써 다자적 차원의 기회를 함께 모색해야 한다. 한편, 인도가 글로벌 사우스 문제와 관련하여 지도력을 갖추고 있다는 점을 고려하여, 한-인도간 글로벌 사우스 협력 메커니즘을 만드는 것도 필요하다.

호주의 경우 인도·태평양 지역에서 협력이 가장 용이한 파트너다. 자유민주주의와 시장경제의 가치를 공유하며, 지역적으로 원거리에 위치하여 정치적 민감성도 존재하지 않는다. 동시에 천연가스 등을 포함한 에너지, 희토류 및 주요 광물의 공급망 등은 대한민국이 필요한 자원이다. 호주와의 관계를 한층 심화시키기 위해서는 경제협력이 안보협력과 같이 가야 한다. 인도·태평양 지역 내 분쟁의 평화적 해결, 법의 지배, 항행과 항공의 자유 등과 같은 공동의 가치를 위한 안보 차원의 협력을 확대하며 신뢰를 쌓아야 한다. 특히 호주가 갖고 있는 해양 안보에 대한 인식을 함께하며 협력의 관행을 만들어야 한다. 이를 위해 미국과 함께하는 소다자 협력도 추진할 필요가 있다.

2. 유럽 및 중동 지역과의 맞춤형 협력 강화

유럽은 미국에 이어 한국의 두 번째 투자 지역이다. 유럽연합 역시 한국에 대한 외국인직접투자FDI에서 가장 중요한 투자국으로 역할하고 있다. 하지만 최근 유럽은 우크라이나 전쟁과 독일의 산업 경쟁력 약화 등으로 2차 대전 이후 가장 큰 혼란을 겪고 있다. 전통적인 방산 및 인프라 협력 대상이었던 중동 지역 또한 마찬가지다. 이스라엘과 하마스 및 헤즈볼라와의 분쟁은 잦아들고 있지만, 이란과의 갈등 문제는 여전히 불씨가 살아있다. 이러한 긴장은 역내 방산 수요를 증대시키고 있다. 이러한 변화를 잘 파악하며 기존의 협력을 확대해 나가는 접근이 필요하다.

유럽의 경우 먼저 우크라이나 종전 및 전후 복구 과정에서 협력의 지평을 확대해야 한다. 우크라이나 전쟁은 향후 상당 기간 유럽의 외교 및 경제 상황에 영향을 미칠 것이다. 유럽과 러시아

간의 군사적 대결 구도가 지속되며 우크라이나 전후 복구 사업과 폴란드 등 구동구권 국가들과의 방산 협력이 기회 요인으로 부각될 것이다. 한편, 유럽과의 다자적 파트너십을 통해 글로벌 차원에서 자유민주주의와 시장경제, 인권 등의 가치를 확장하는 노력을 함께 함으로써, 한국과의 협력이 유럽이 지향하는 가치를 증대하는 것이라는 인식을 갖도록 만들어야 한다. 그래야 지속 가능한 협력 플랫폼을 구축할 수 있다.

중동의 경우 불안정한 정세의 여파로 방산 협력이 지속될 전망이다. 전통적으로 대한민국은 UAE와 사우디아라비아 등과의 방산 협력을 잘 이어오고 있다. 트럼프 2기 행정부는 이스라엘 편에서 이란과 대결 구도를 보이고 있는데, 이러한 갈등이 커질수록 역내 방산 수요는 증가할 수밖에 없다. 다만 미국이나 유럽 등 방산 선진국과 경쟁이 불가피하기에 무기체계 현지 제작 및 조립 등 다양한 선택지를 준비해야 한다. 한편, 중동 지역은 원전 수출 시장의 잠재력이 크다. 이미 UAE 바라카 원전 수출의 성공 사례가 있기에, 사우디아라비아 원전 수주의 기회가 찾아올 가능성이 크다. 다만 이 지역의 협력 역시 경제적 이익만을 추구해서는 안 되며, 지역의 안보 및 에너지 체계 전반에 대한 협력이 함께 이루어져야 한다.

3. 유엔 등 다자외교 강화

미중 전략경쟁은 다자외교의 약화로 이어지며 유엔이 제 역할을 하지 못하는 상황을 야기하고 있다. 미국과 영국 등 서방 진영의 노력에도 불구하고 중러의 반대는 우크라이나 전쟁이나 북한 핵 문제와 같이 유엔 안전보장이사회의 의결이 필요한 상황에서도 무기력함만을 노출했다. 그럼에도 유엔은 국제사회의 평화와 안정을 다룰 수 있는 유일한 국제기구이며, 여전히 유엔 산하 국제기구를 통해 다양한 국제규범을 만들고 있다. 따라서 다자외교의 중요성은 여전하다.

먼저 유엔 외교를 적극적으로 전개해야 한다. 기후변화, 에너지, 감염병 대응과 같은 국제 현안들은 강대국 간 갈등으로 인해 해결되기 어려운 측면이 존재한다. 이들은 국경을 초월하는 문제로서 개별국가 혼자의 힘으로 해결할 수 있는 문제가 아니다. 따라서 유엔의 적극적 관여가 불가피한 영역이며, 이러한 분야에서 한국의 기여를 확대하며 국제사회에서 위상을 확보해야 할 것이다.

다음으로 대한민국의 기여 영역을 식별하는 '선택과 집중'을 해야 한다. 대한민국은 초강대국이 아니다. 모든 국제문제에 관여하고 기여할 수 없다. 따라서 한국이 잘하면서도 국제사회로부터 요구받는 영역에서 의제를 선점함으로써 다자외교가 우리 국익에 효율적으로 공헌하도록 만들어야 한다. 예를 들면 디지털 기술을 활용한 공적개발원조ODA를 확대하며, 개발도상국의 디지털 전환을 지원하는 노력을 선도한다면, 이는 대한민국의 위상은 물론이고 중장기적 경제적 이익에도 도움이 될 것이다.

마지막으로 규범 창출 기능에 더 많은 관심을 기울여야 한다. 초강대국들의 일방적인 행동은 법치주의의 위기를 야기하고 있다. 유엔 등의 다자외교는 글로벌 규범과 질서를 형성하는 과정이기도 하다. 다자외교를 통해 국제규범 창출에 기여할 수 있다면 대한민국이 지향하는 가치를 확산시키는 일이다. 동시에 기후변화가 관련 산업을 변화시키는 것처럼, 국제규범은 경제적 이익을 수반하는 경우가 많다. 따라서 규범 창출을 위한 국제적 협력의 과정에서 경제적 이익도 만들어 낼 수 있도록 노력해야 한다.

4. G7 플러스 가입

국제적 리더십 강화를 위해 G7 플러스를 만들고 그 회원국이 되는 노력이 필요하다. 대한민국은 세계 10위권의 경제 강국으로 성장했으나 국제적 리더십 확보는 이에 미치지 못하는 상황이다. 과거 대한민국이 적극 참여한 G20도 여전히 존재하고는 있지만 그 구성원의 다양성과 활동력의 한계를 노출하고 있다. 반면 미국, 영국, 프랑스, 독일, 이탈리아, 캐나다, 일본의 협의체인 G7은 경제협력을 넘어 안보 및 지정학적 문제를 논의하는 핵심 플랫폼으로 여전히 중요한 역할을 수행하고 있다.

현재 대한민국은 한미동맹 강화, 한일관계 개선, NATO와의 안보협력 강화 등을 통해 이미 G7 국가들과의 협력을 확대하고 있다. 동시에 G7 역시 역할 강화의 필요성이 제기되며, 한국, 호주, 인도 등을 포함시켜야 한다는 목소리도 나오는 상황이다. 특히 미국의 트럼프 대통령은 2020년 G7 정상회의에서 G11 또는 G12 체제로의 개혁 필요성을 언급한 바 있다. 따라서 G7 플러스 가입 노력을 강화해야 한다. 대한민국이 참여함으로써 첨단기술 공급망 협력이 강화되고, 인도·태평양 지역의 평화와 번영이 촉진된다는 점을 기존 회원국에 각인시킴으로써 기회의 문을 열어야 한다. 또한 핵심 관건인 일본의 호응을 유도하기 위해 한일 관계의 안정적 관리를 해야 한다.

5

전방위적 경제외교
역량 강화

현황과 쟁점

전세계적인 보호무역의 파고

　미국 제일주의에 기반한 트럼프 2기 행정부의 강력한 보호주의 정책으로 인해 전 세계적으로 혼란이 야기되고 있다. 관세 및 수출통제는 관련국의 보복으로 이어지고, 국제무역이 타격을 받는 상황이다. 그 결과 자유무역이 위축되고, 보호무역이 되살아날 가능성이 크다. 물론 트럼프 대통령의 입장에 따라 유연한 선택도 가능하기에 미래를 암울하게만 예단하기는 이른 상황이나, 경제안보 측면에서 불확실성이 커지는 것은 부인할 수 없다.

특히 4월 2일 발표된 트럼프 행정부의 26% 상호 관세로 인해 한국의 주요 산업군에 타격이 예상된다. 미국에 의존도가 높은 상품은 물론이고, 중간재를 중국에 수출하는 영역에서도 미국의 대중국 수입 제한 조치로 인해 이중 타격을 받게 될 가능성이 크다. 이 과정에서 혹시라도 반도체, 철강, 자동차 등 대한민국의 대표 수출 품목이 타격을 받는 것을 최소화 하기 위한 노력이 필요하다.

트럼프 행정부와의 포괄적 협상 준비

경제외교를 대외정책에 중심에 두고 적극적인 대응책을 강구하며, 트럼프 행정부와의 포괄적인 협상을 준비해야 한다. 이를 통해 대미 수출에 발생할 수 있는 악영향을 최소화하는 한편, 중국과의 교역에서도 위험 요인을 줄여나가야 한다. 이 과정에서 한미 자유무역협정FTA 재협상이 논의될 수 있고, 무역 불균형을 조정하기 위한 특별한 조치도 필요하게 될 것이다. 나아가 미국이 필요로 하는 공급망 협력에서 대한민국이 기여하는 방안도 검토되어야 한다. 경제 영역 각 분야에서 미국과의 단편적인 협상보다는 포괄적 논의를 통해 '줄 것은 주고, 받을 것은 받는' 접근이 필요하다. 이를 통해 한미 간 경제협력의 기반을 강화하고, 미래 불확실성을 줄여나가야 한다.

대응 방향

1. 트럼프 행정부의 관세 및 무역 정책의 충격 완화

한미 경제협력을 위대한 동맹Make Alliance Great Again의 출발점으로 삼아야 한다. 트럼프 행정부가 발표한 24%의 상호 관세는 우리의 경제를 위기에 빠뜨릴 수 있다. 그 밖에도 무역수지 개선을 위한 통상 압박이 예상되는데, 트럼프 행정부의 보호무역 행태를 완전히 잠재울 수는 없지만 경제적 위기로 이어지지 않도록 관리해야 한다. 이를 위해서는 한미 간 협력을 통해 양국이 서로 호혜적인 이익을 볼 수 있다는 '경제 파트너십'을 강화해야 한다. ▲과감한 대미 투자, ▲미국산 에너지 구매, ▲미국이 필요로 하는 조선 분야 협력 등을 통해 한국과의 협력이 미국에 이익이 된다는 점을 알려야 한다. 이 과정에서 관세를 낮추는 협상을 병행함으로써 대미 수출 기반을 유지해야 한다.

무엇보다도 정상 차원의 포괄적 협상이 필요하다. 한미 양국 정상이 주고받을 수 있는 것은 무엇인지를 식별하고, 관세 및 무역 정책의 충격을 완화할 수 있는 합의를 이끌어야 한다. 트럼프 대통령의 과도한 관세는 또 다른 협상의 대상임을 인식해야 한다. 미국의 대외정책에 호응하는 국가에 관세를 감면할 가능성을 열어두고 있기 때문이다. 따라서 안보와 경제 문제를 포괄적으로

협의하며 관세 감면, 일정 수량에 대한 관세 면제 쿼터제 확보 등을 추진해야 한다. 이 과정에서 트럼프 행정부의 정책에 수동적으로 대응하기보다는 우리의 입장을 먼저 전달하면서 트럼프 행정부의 요구사항과 조율하는 방식의 협상술이 필요하다.

한편, 정부 대 정부 협상 외에도 민간 기업이 진출한 지방 정부 및 각 주의 상하원 의원들과 접촉선을 다변화하고, 로비 단체를 적극 활용하며 우리의 입장이 미 행정부 조야에 전반적으로 전달될 수 있도록 해야 한다. 미국 내 연구기관 및 학계와의 협력도 단기적 프로젝트보다는 중장기적인 협력 기반을 조성하며 한국의 입장에 공감하는 전문가를 양성해야 한다. 이처럼 정부, 의회, 기업, 학계의 협력을 조율할 수 있는 역할을 대통령실 차원에서 직접 챙기며 트럼프 행정부 무역 정책으로 인한 충격을 흡수해야 한다.

2. 한미 공급망 및 첨단기술 협력 강화

미국은 중국을 견제하기 위해 미국 주도의 공급망 확보에 심혈을 기울일 것으로 전망된다. 에너지 안보 차원에서는 미국산 화석에너지를 추가로 생산하며 산업 경쟁력을 확보하려 들 것이고, 첨단 분야에서는 중국산 반도체, 배터리, 그리고 자율 주행 자동차 등의 영역에서 관세 장벽을 활용할 전망이다. 특히 제3국 수입품이라 해도 그 중간재에 중국산이 포함될 경우도 추가 관세를 부과하는 방안이 고려될 것이기에 유의해야 한다.

한미 공급망 협력의 경우 기회 요인이 다분하다. 첨단 영역에서 중국과 경쟁 중인 상황이기에 한미 공조가 잘 이루어진다면 중국의 추격을 물리칠 수 있는 기회를 제공하기 때문이다. 물론 미국 제일주의로 인해 한국산 물품에도 높은 관세가 부과되었지만, 그 충격을 완화할 방법은 경쟁국과의 상대적 비교우위를 갖추는 것이다. 또한 트럼프 대통령이 관심을 보인 조선 분야 협력 외에도 대미 투자나 미국산 에너지 수입 등의 카드를 적극 활용할 필요가 있다.

한미 간 첨단 과학기술 분야 협력을 더욱 강화해야 한다. 트럼프 대통령은 지난 2020년 첨단기술 보호 및 육성을 위한 '2020 핵심신흥기술 국가전략National Strategy for Critical and Emerging Technologies'에 서명하고 AI, 반도체, 우주 등 첨단기술 분야에서 미국의 리더십 강화를 추구한 바 있다. 이러한 흐름은 트럼프 2기 행정부에서도 이어질 전망이다. 이미 한미 간에는 2023년 합의한 '차세대 핵심신기술 대화'가 존재한다. 이 메커니즘을 활용하며 한미 간 기술안보 협력을 내실화해야 한다. 무엇보다 우리가 뒤처져 있는 AI, 항공·우주, 바이오 등의 영역에서 협력 모델을 만들어야 하며, 다양한 공동 연구개발을 추진해야 한다.

민간 차원의 협력을 정부가 보장하는 방식의 접근이 필요하다. 정부 대 정부 간 과학기술 협력이 제한된다면, 미국이 원천기술을 갖고 한국이 제조를 담당하는 역할 분담 가능성도 타진해야 할 것이다. 또한, 국가적 차원에서 첨단기술 발전을 진흥함으로써 미국이 매력을 느끼는 기술 영역을 창출해야 한다. 그래야 우리가 원하는 협력의 협상 지렛대가 마련될 수 있다.

3. 글로벌 경제외교 활성화

세계 10위권 경제를 유지하기 위한 글로벌 경제외교를 확대해야 한다. 트럼프 행정부의 보호무역 정책으로 글로벌 무역이 위축될 가능성에 대비가 필요하다. 이미 대한민국은 세계 각국과 FTA를 체결한 상황이나, 추가적인 무역 플랫폼이 있다면 적극적인 참여 의지를 보여야 한다. 이를 통해 미국의 관세와 타 국가들의 보복관세로 인해 발생할 '무역의 블록화'가 가져올 충격에 대비해야 한다.

그중에서도 EU 및 일본과의 협력은 중요한 의미를 지닌다. 자유민주주의와 시장경제를 공유하는 국가들과의 공급망 협력을 강화함으로써, 미중 전략경쟁의 여파로 발생할 수 있는 중국발 공급망 위기를 극복해야 한다. 반도체와 배터리 역량이 필요한

EU는 우리의 좋은 협력 파트너가 될 수 있으며, 우리 역시 EU로부터 반도체 소재 및 장비 등에서 도움을 받을 수 있다.

한편, 원자재의 가치 상승에 따른 부족 현상을 예방하기 위해 자원 부국과의 협력도 관심을 기울여야 한다. 이를 위해서는 니켈, 코발트, 리튬 등의 주요 생산기지인 아세안 및 중남미 국가들과의 경제협력을 지속해야 한다. 호주, 캐나다, 인도네시아, 칠레 등 광물 부국과의 자원 협력을 지속하기 위해서는 장기적인 공급 계약 및 공동 개발 프로젝트를 추진할 필요가 있다. 안정적인 경제협력 관계를 구축하기 위해서는 과거 정무직 중심의 대사관 업무를 탈피할 필요가 있으며, 경제외교 인력양성에 관심을 기울여야 한다. 공관의 경제외교 능력을 강화할 수 있도록 외교부의 인력 양성 시스템을 개선해야 한다.

끝으로 국제사회의 다양한 경제협력 및 FTA 기구에 참여하며 경제외교의 지평을 확대해야 한다. 인도-태평양 경제 프레임워크[IPEF], 포괄적·점진적 환태평양 경제동반자협정[CPTPP]과 같은 다자간 경제협력 체계에 적극적으로 임하고, 아세안, 태평양도서국 등과의 "다자+한국" 협력을 강화하며 경제외교의 지평을 넓혀가야 할 것이다. 이를 통해 경제위기 발생 시에도 복원력[Resilience]을 강화할 수 있도록 전정부적 대응체계를 구축해야 한다.

3부

자율성
Autonomy
UP

1
노사 합의에 의한
자율적 정년 연장

현황과 쟁점

고령화와 경직적 노동시장, 연금개혁

한국 사회는 급격한 고령화로 인해 노동시장에서 중장년층의 지속적인 경제활동이 필수적인 상황에 직면하고 있다. 노령 인구의 빈곤율이 높은 것도 경제활동의 수요를 높이는 요인으로 작용한다(2020년 기준 노인 빈곤율 40.4%, 2021년 기준 인구 10만 명당 자살률 42.2명으로 OECD 회원국 중 1위). 기존의 법정 정년(60세) 이후에도 경제활동을 지속하려는 욕구가 커지고 있지만, 정년 연장은 쉬운 문제는 아니다.

OECD 보고서에 따르면, 한국은 연공서열형 임금체계가 강해 근속 10~20년 사이 임금 상승률이 OECD 평균의 2.5배에 달하여 OECD 국가 중 가장 높다. 업무 역량보다 얼마나 오래 직장에 있는가가 임금에 중요한 영향을 미치기 때문에, 임금체계를 유지한 채 정년 연장을 추진할 경우 기업의 인건비 부담을 가중시킨다. 정년 연장의 부작용을 줄이기 위해 임금피크제가 도입되었는데, 2022년 대법원이 합리적 이유 없는 임금피크제는 연령 차별로 무효라고 판결함으로써 기업의 어려움이 가중되었다. 이러한 인건비 부담 가중은 결과적으로 신규 채용을 축소하는 요인으로 작용할 가능성이 크다.

정년 연장과 연계된 장점으로 생각할 수 있는 것은 이른바 '연금 크레바스'의 해소다. 현재 국민연금제도는 만 63세(2024년 기준)부터 받을 수 있지만, 정년이 60세이기 때문에 퇴직 후 일정 기간 동안 소득 공백이 발생한다. 기대 수명이 증가할 것을 고려하면 연금 수급 개시 연령이 뒤로 미뤄지는 것이 타당한데, 이 경우 소득 공백이 더 길게 발생하기 때문에 바람직하지 않다. 따라서 정년 연장은 국민연금 개혁과 연계하여 고려할 문제다.

정년 연장의 세대갈등적 요소

2016년 정년을 60세로 연장한 이후, 해당 연령대(55~60세)의 고용은 0.6명 증가한 반면, 청년층(15~29세) 고용은 0.2명 감소했다는 연구 결과가 있다(한요섭, KDI 정책연구시리즈 2019). 이러한 데이터는 정년 연장이 단순히 노동시장 내 일자리 수를 증가시키는 것이 아니라 연령별 고용구조에 영향을 미친다는 점을 의미한다.

즉, 정년 연장은 필연적으로 세대 갈등 요소를 갖고 있다. 고령화 시대에 더 오래 일하는 것은 필연적인 흐름이지만, 기업이 이를 감당할 수 있을지에 대한 고민이 필요하다. 또한 법 개정이 아니더라도 정년 이후에 재고용이 가능하기 때문에, 기업이 지금도 할 수 있는 일을 안 하는 것에 대해 법으로 강제하는 것은 부작용이 클 수밖에 없다. 더구나 경제 성장이 꺾이고 기업의 영업 여건이 매우 힘들어졌기 때문에 인건비 부담을 가시적으로 늘리는 것은 바람직하지 않다.

대응 방향

1. 임금체계 개편을 전제로 한 정년 연장

2016년에 정년을 55세에서 60세로 연장하면서 아쉬운 점은 임금체계 개편을 병행하지 않았다는 사실이다. 한국은 정규직에 대한 고용 보호가 매우 강하고, 해고의 위험성이 낮은 상황에서 근속연수에 따라 임금이 상승하는 경향이 강하기 때문에(연공급 임금체계), 임금체계를 그대로 둔 상태에서 정년을 연장하면 그대로 인건비가 가중적으로 증가한다.

근속연수가 임금에 미치는 영향

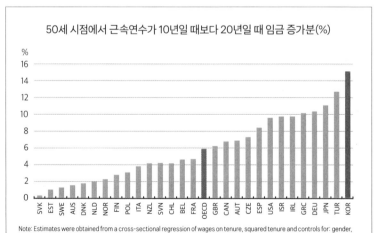

50세 시점에서 근속연수가 10년일 때보다 20년일 때 임금 증가분(%)

Note: Estimates were obtained from a cross-sectional regression of wages on tenure, squared tenure and controls for: gender, experience, years of education, literacy and numeracy skills, occupation, skill use at work, and educational status of the parents.
Source: OECD (2022), OECD Reviews of Pension Systems: Korea.

일본의 경우, 정년을 65세로 연장하면서도 기업 부담을 줄이기 위해 직무급제와 임금 피크제를 병행 도입했다. 독일에서도 생산성 기반 임금 체계를 도입하여, 근속 연수에 따른 급격한 임금 증가를 억제하고, 연령과 무관한 보수를 유도했다. 한국에서는 2022년 대법원 판결로 임금피크제의 활용이 어려워져서 새로운 임금체계가 필요한 상황이다. 연공급 체계를 직무·성과 중심으로 개편하는 것이 매우 중요하다.

'취업 규칙의 불리한 변경'은 노조의 동의를 받아야 하기 때문에, 이러한 변화는 노사 합의가 전제되어야 한다. 따라서 정년 연장이나 직무·성과 중심의 보수 체제 모두 유인책(인센티브)을 통해 유도할 필요가 있다. 정부는 노사가 임금체계 개편에 합의한 기업에 세제 혜택을 제공하는 것을 고려할 수 있다. 일본은 2013년 정년을 65세로 연장하면서, 노사가 임금 조정을 합의한 사업장에 고용 연장 지원금을 지급하는 제도를 도입했다. 한국도 세제 지원 및 재정 지원을 연계한 노사 합의형 정년 연장 모델을 구축할 필요가 있다. 또한 전격적 도입보다 정년 연장의 충격이 상대적으로 적을 산업 분야부터 점진적으로 시행하여 부작용을 모니터링하고 보완책을 마련하면서 진행하는 것도 중요할 것이다.

2. 사회보험을 연계한 고령 근로자의 고용 유지

국민연금이나 건강보험 같은 사회보험의 경우 직장을 통한 가입자는 고용인이 보험료의 일부를 부담하는 경우가 대부분이다. 정년이 지난 근로자를 계속 고용하는 경우 임금과 같은 직접적 인건비 외에도 임금과 연동되는 간접적 인건비도 기업에 부담으로 작용한다.

독일과 일본은 60세 이상 근로자의 사회보험료를 줄여, 기업의 고용 부담을 경감하는 정책을 시행하고 있다. 독일의 '고령 근로자를 위한 사회보험 감면 정책Arbeitnehmerbeitragsentlastung für ältere Arbeitnehmer'은 기업이 고령 근로자를 고용할 경우, 고용주 부담 사회보험료 일부를 감면하고, 근로자 본인의 사회보험료도 줄여준다. 이는 '부분 연금제Teilrente'와 '단계적 퇴직Altersteilzeit' 제도와도 연결된다. 부분 연금제는 63세 이상 고령 근로자가 정년(67세) 전에 근로시간을 줄이면서, 연금의 일부를 조기 수령할 수 있도록 하여 노동시장 유연성을 높이고 기업의 인건비 부담을 줄이는 제도이다. 단계적 퇴직은 55세 이상 근로자가 완전한 은퇴 전에 근로시간을 줄이면 고용주가 줄어든 근로시간 대비 임금의 20%를 보조하고 정부가 추가적으로 연금 납부 부담을 지원하는 제도다.

일본의 '고령자고용안정법高齡者雇用安定法'도 고령 근로자의 사회보험료(건강보험, 고용보험 등) 일부를 감면하는 내용을 담고 있다. 또한 기업이 60세 이상 근로자를 계속 고용할 경우, 정부가 기업에 보조금을 지급한다.

정년 연장이 공적 연금과 밀접하게 연관되어 있는 만큼, 한국도 일정 연령 이상의 근로자에 대해 근로시간을 합의에 의해 줄여나갈 때 소득을 보조하고 고용주와 근로자 양방에 사회보험료 부담을 낮추는 제도를 도입할 수 있을 것이다.

3. 청년층과의 세대 공존 모델 도입

일본에서 고령 근로자가 청년 근로자를 멘토링하면서, 점진적으로 업무를 이양하는 세대 간 협업 모델을 운영하는 점을 참고할 수 있다. 그러나 이러한 움직임은 기업이 필요에 의해 자발적으로 할 부분이어서 정부의 역할은 제한적인 면이 있다.

독일의 경우 '세대 간 고용 연계 지원 제도'를 통해, 고령 근로자의 고용을 유지하는 기업이 동시에 청년을 채용할 경우 세금 감면 혜택을 제공하고, 네덜란드는 기업이 고령 근로자의 임금을 조정할 경우, 그 절감된 비용을 청년 고용 확대에 사용하도록 인센티브를 제공한다. 정년 연장으로 우려되는 파생 효과는 신규 고용의 감소이므로 정년 연장으로의 이행에 따른 부작용이 최소화될 기제를 마련할 필요가 있다.

2
유연안정성을 위한
노동개혁

현황과 쟁점

고용 보호의 역설

한국 노동시장의 가장 큰 문제 중 하나는 고용의 경직성과 노동 이동성 부족이다. 현재 한국의 정규직 해고 규제는 엄격하게 적용되어 OECD 중위값^{median}에 비해 높게 유지되며 비정규직의 고용 보호 정도가 OECD 정규직 보호의 중위값과 비슷할 정도이다. 이는 기업이 신규 채용을 주저하게 만드는 주요 원인으로 작용한다. 특히, 정리해고 요건이 까다롭고 법적 다툼이 빈번하게 발생해 기업들은 정규직 채용을 줄이고, 대신 비정규직 근로

자를 활용하는 경향이 강하다. 이러한 구조는 노동시장 내 정규
직과 비정규직 간의 불균형을 심화시키며, 근로자들에게는 직업
안정성이 낮은 환경을 조성한다.

또한, 비정규직과 정규직 간의 격차 문제도 심각한 노동시장
쟁점 중 하나다. 한국의 정규직과 비정규직 간의 임금 및 복지
차이는 OECD 평균보다 높은 수준이며, 이는 노동시장의 양극
화를 더욱 심화시키고 있다. 비정규직 근로자들은 동일한 업무
를 수행함에도 불구하고 낮은 임금과 제한된 복지 혜택을 제공
받으며, 경력 개발의 기회도 적다.

고용 보호의 경직성

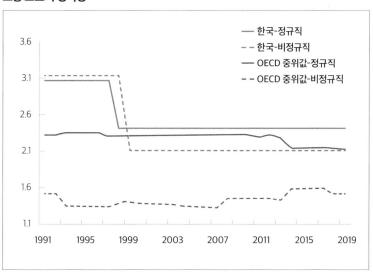

주: OECD의 '고용보호지수'로서 높을수록 고용 보호가 강함
자료: IMF "Advancing Labor Market Reforms in Korea", 2024.8.

유연성을 위한 안전망 부족

마지막으로, 노동시장 유연화와 사회안전망 구축 간의 균형 문제가 지속적으로 논의되고 있다. 노동시장의 유연성을 높이는 것은 기업의 채용 부담을 줄이고, 고용 창출을 촉진할 수 있는 방법이지만, 단순한 해고 규제 완화만으로는 노동자의 고용 불안정을 가중시킬 가능성이 크다. 따라서 노동시장 유연화와 함께 실업급여 확대, 직업훈련 강화, 전직 지원 서비스 등의 사회안전망이 동시에 강화될 필요가 있다.

취업자 중 비정규직 비율(%)

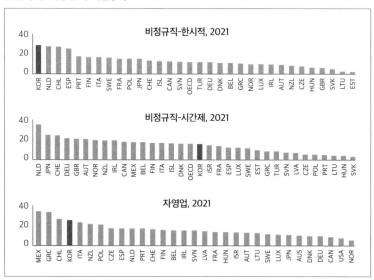

Sources: OECD. Note: * Temporary employment as share of total dependent employment.

대응 방향

1. 고용 유연성과 고용보험 개선의 병행

덴마크의 '플렉시큐리티^{Flexicurity}' 모델은 해고 규제를 완화하는 대신, 실업급여 강화 및 직업훈련 프로그램 확대를 병행하여 노동시장 유연성과 안정성을 동시에 확보하는 데 성공했다. 즉, 덴마크의 기업은 경제 상황이나 경영 전략에 따라 노동자를 쉽게 해고하고 채용할 수 있는 대신, 실업자가 되더라도 최대 2년간 급여의 90% 수준까지 실업급여를 받을 수 있는 등 실업에 대한 공포를 효과적으로 줄인다. 또한 강력한 재취업 및 직업훈련을 지원^{Active Labor Market Policy, ALMP}하고, 구직 활동을 하지 않으면 실업급여를 삭감하는 조건을 엄격히 적용한다.

물론 덴마크의 조세부담률이 높고 GDP의 약 3%를 실업급여 및 직업훈련 프로그램에 투자하는 등 한국에 쉽게 제도를 이식할 수 없는 여건의 차이가 있으나 방향에 대해서 참고할 필요가 있다. 즉 기업의 해고 부담을 줄이는 대신 실직 후 실업급여와 재취업 훈련을 강화하는 방식으로 접근하는 것이 바람직하다. 또한, 경영상 해고를 둘러싼 법적 불확실성을 해소하기 위해 해고 요건을 명확히 하고, 기업과 근로자 간의 불필요한 분쟁을 줄이는 방향으로 노동법을 개정할 필요가 있다.

한국의 구직급여(실업급여) 하루치는 2025년 기준 6만4,192원(최저임금의 80%*8시간)~6만6,000원이고, 한 달 30일을 적용하면 192만 5,760원~198만 원이 된다. 최근에는 구직급여의 충분성에 대해서는 특별한 논란이 없는 분위기다. 하한이 매우 올랐기 때문이다. 그러나 상한인 198만 원이 충분한가는 논의의 필요가 있다. 중장년층의 정규직 근로자가 실직을 하는 경우 198만 원은 안전망으로 느껴질 수준은 아닐 것이다. 따라서 고용유연성 강화를 시행할 경우 상한을 현실화하는 것이 필요하다.

2. 재취업을 위한 교육과 취업 매칭 서비스의 획기적 개선

독일의 '하르츠 개혁Hartz Reform'은 2003~2005년 독일에서 시행된 노동시장 구조 개혁 패키지로, 실업자 복지 제도를 개혁하고, 노동시장 유연성을 높이기 위한 조치를 포함한다. 이 개혁은 I~IV로 구분되고, 미니잡(minijob, 월 520유로 이하), 미디잡(Midijob, 월 520~1,600유로) 제도 도입, 실업자들이 더 효율적으로 일자리를 찾을 수 있도록 공공 고용서비스(연방노동청) 개혁, 장기 실업자 대상 실업급여Arbeitslosengeld II, ALG II 지급을 축소하고, 대신 노동시장 복귀를 위한 강한 동기 부여 등을 주요 내용으로 한다.

위에 언급한 것처럼 한국의 구직급여는 최근 하한이 급격하게 상승하면서 충분성에 대한 논란은 많이 감소했다. 그보다는 재취업 훈련을 강화하는 정책이 중요하다. 네덜란드에서는 노동자들의 전직을 지원하는 국가 주도 전직 서비스가 운영되며, AI 기반 취업 매칭 시스템을 도입하여 구직자들이 빠르게 재취업할 수 있도록 지원하고 있다. 한국도 직업훈련과 취업 매칭 프로그램을 디지털화하고, AI를 활용한 맞춤형 일자리 매칭 시스템을 도입하여 노동 이동성을 높이는 것이 필요하다.

3. 최저임금제 현실화-
연령별, 지역별, 산업별 차등 적용

위에 언급한 구직급여의 하한이 급격히 상승한 이유는 하한이 최저임금과 연동되어 있기 때문이다. 최저임금의 인상은 노동시장에 다양한 영향을 미치는데, 구직급여 수준이 올라간 것도 중요한 부분이다.

유럽의 몇몇 국가들은 연령별로도 차등화된 최저임금제를 운영한다. 청년층은 더 낮은 최저임금이 적용되는데, 인적자본이 상대적으로 낮은 청년이 더 쉽게 취업할 수 있도록 하는 취지다. 예를 들어 네덜란드는 23세 이상은 성인 최저임금이 적용되고,

15세부터 20세까지는 연령에 따라 점진적으로 낮은 비율의 최저임금을 받는다. 18세의 경우 성인 최저임금의 약 50~80% 수준을 받는 방식이다. 네덜란드의 청년 최저임금제는 다른 나라들의 벤치마킹 대상으로 종종 언급되고, 영국, 프랑스, 벨기에, 룩셈부르크, 아일랜드 등에서도 청년에 더 낮은 최저임금을 적용하는 제도를 갖고 있다.

최저임금제에 대한 경제학적 설명은 매우 명확하다. 최저임금이 올라가면 고용이 감소하고, 이때 고용에서 밀려나는 근로자들은 생산성이 가장 낮은 이들부터여서 이른바 '취약계층'이라는 점이다. 따라서 최저임금이 시장임금에 가깝도록 낮아지는 것이 바람직하겠지만, 이미 오른 최저임금을 낮추는 것은 정치적으로 불가능할 것이다. 그렇다면 지역별, 산업별로 차등화된 최저임금제를 운영하는 것이 현실적인 대안이 될 수 있다. 이에 대한 논의가 예전부터 있었지만, 이 역시 정치적으로 관철될 동력이 충분하지 않은 것이 문제다.

3

자율적으로 혁신하는
고등교육

현황과 쟁점

한국은 높은 고등교육 이수율을 자랑하지만, 고등교육에 대한 공교육비 투자는 OECD 평균에 미치지 못하는 심각한 문제를 안고 있다. 2024년 교육부 발표 'OECD 교육지표 2024'에 따르면, 만 25~34세 청년층의 고등교육 이수율은 69.7%로 OECD 국가 중 1위이다. 반면 학생 1인당 고등교육 공교육비 지출액은 1만 3,573달러로, OECD 평균인 2만 499달러의 절반에 미치지 못한다.

고등교육에 대한 낮은 공교육비 투자는 초중등교육에 대한 높은 투자와 대비된다.

초중등 교육에 대한 정부의 재정 지원은 민간 대비 압도적이어서 GDP 대비 부담 비율이 초중등 교육에서 정부 3.4%, 민간 0.2%인 반면, 고등교육에서는 정부 0.7%, 민간이 0.9%이다. OECD 평균과 비교해보면 고등교육에서 정부 투자 부족은 분명하다. OECD 국가들은 고등교육에 정부가 민간보다 2배 더 많이 투자하는 반면, 한국은 민간이 더 많은 부담을 지고 있다. 결국 한국의 높은 고등교육 이수율은 부모들의 자녀 교육비 지출로 가능했던 것이다. 고등교육에 대한 낮은 투자는 한국의 대학 경쟁력 저하 및 재정적 어려움을 낳고 있다.

고등교육에 대한 낮은 투자에도 불구하고 이에 대한 한국 정부의 규제 혹은 통제는 OECD 최고 수준이다. 대학교의 등록금이나 전공, 정원, 학위수여 등 고등교육과 관련한 대부분 사항들은 교육부에서 정해서 대학교들에 내려보낸다. 최근의 전공자율 입학 시행 역시 대통령 지시를 받은 교육부총리가 전국 모든 대학들에 지침을 전달한 결과이다. 국립과 사립을 불문하고 대학교는 이러한 교육부의 지침과 통제를 따르지 않으면 안된다. OECD의 평균 절반에도 못 미치는 고등교육 투자를 교육부는 그나마 대학교들에 대한 영향력의 지렛대로 사용한다. 10년 넘게 묶인 등록금 수입 때문에 조금의 지원이라도 아쉬운 대학교들이 교육부를 거역하기 어렵게 만드는 것이다.

이처럼 열악한 지원과 과도한 통제에도 불구하고 한국의 대학교들은 우수 학생을 둘러싼 경쟁, 글로벌화된 순위 경쟁에서 뒤처지지 않기 위해 최선을 다하고 있다. 교수들은 연구 실적을 높이라는 압력을 끊임없이 받고, 학생들은 취업을 위해 끊임없이 스펙을 쌓고 있다. 하지만 재원이 제약된 채 손발이 묶인 대학들이 버티는 데에는 한계가 있다. 젊은 우수 학자들이 해외에서 학위 취득 후 귀국을 포기하거나 미루고 있으며, 더 많은 연봉을 약속하는 민간 기업으로 취업하는 경우가 늘고 있다. 재원 부족으로 교육시설에 대한 대학교의 투자도 점점 더 어려워지고 있다. 대학교 신입생들이 자신이 다녔던 초, 중, 고등학교보다 열악한 대학교 강의 환경에 실망하는 경우가 늘고 있다. 저출산·고령화로 인한 인구 위기보다 재원 부족과 혁신 지체로 인한 고등교육의 위기가 더 시급한 문제일 수 있다.

고등교육의 정체는 경제성장의 정체를 낳는다

한국의 20세기 수출주도형 경제성장은 정부의 재정 지원, 해외로부터의 기술도입, 그리고 우수한 노동력이 결합한 결과였다. 21세기 들어 한국 경제의 도약은 위기의식에 자극받은 기업들이 자체적으로 개발하기 시작한 기술과 확대된 고등교육의 혜택을 받은 우수 인재들이 협력한 결과였다. 그런데 기업들이 글로벌 투자를 받고 글로벌 시장으로 확장하는 동안 대학들은 여전히 학부모가 부담하는 등록금 수입에 의존할 수밖에 없었고, 그나마도 등록금 동결로 점점 재원이 고갈될 수밖에 없었다.

한국은 오랫동안 유교적 사고방식에서 스승을 존경하는 문화가 유지되었다. 그런데 지금의 대학교육에서 학생들은 더 이상 스승을 우러러보기 어려워지고 있다. 자신들이 좋은 직장에 취직하면 자신들을 가르친 스승보다 높은 보수를 받는 것이 분명하기 때문이다. 수험생들이 학원 강사를 존경하지 학교 선생을 존경하지 않는 것과 비슷하다. 교육대학과 사범대학의 인기가 떨어지고 교사들이 대거 이탈하는 것처럼 앞으로 뛰어난 인재들이 대학교 교수 되기를 바라지 않게 되지는 않을까? 이런 분위기에서 대학교는 이제처럼 한국의 발전에 중요한 축으로 기여할 수 있을까?

대학교가 경쟁력을 잃고 정체한다면 그 역할을 기업의 연구소와 연구인력이 대신할 수 있을까? 기업에서의 연구개발은 전략적으로 정해진 방향으로의 활용exploitation에 초점을 맞춘 경우가 많다면, 대학교에서의 연구는 다양한 가능성을 모색하는 탐색exploration을 중시한다. 이들 둘이 결합되어야 지속가능한 혁신을 할 수 있다. 결국 대학교의 경쟁력과 발전이 정체되면 경제와 사회 전반의 발전도 역시 정체될 수밖에 없다.

관료적 통제는 고등교육 혁신과 발전의 걸림돌이다

혁신은 기존의 관행과 관성을 파괴하는 것에서 시작한다. 한국의 고등교육은 대량생산의 시대인 20세기 중후반에 본격적으로 발전하기 시작했다. 그 결과 한국의 높은 고등교육 이수율은 경제발전의 요인으로 크게 기여했다. 민주화 이후 높은 교육열로 인해 양적으로 팽창한 고등교육은 21세기 들어서도 여전히 우수한 노동력을 배출했다. 하지만 이제 교육은 많은 지식보다 높은 창의력을 강조하는 방향으로 바뀌었다. 저출산으로 학령인구가 줄어들면서 대학 지원자 수도 줄고 있다. 한국의 고등교육이 혁신을 해야 생존할 수 있고, 발전할 수 있다는 것은 누구나 인정하는 바이다.

그런데 혁신을 하고 싶어도 하기 어렵게 만드는 걸림돌들이 있다. 대학교 내부에서의 반발이 그 하나이다. 현재 대학교의 전공 및 학과 체계는 수요자 중심이라기 보다는 공급자 중심이다. 많은 비용과 노력을 들여 학위를 취득한 교수들이 기득권을 내려놓기 힘든 것도 사실이다. 대학교 역시 급격한 혁신이 가져올 혼란을 두려워할 수 있다. 하지만 급격한 지각변동이 예상되는 고등교육의 미래에 대한 불안 때문에 교수와 대학교 모두는 '혁신적 변화가 불가피하다.'고 깨닫고 있다.

그런데 혁신적 변화를 하고 싶어도 하기 어렵게 만드는 것이

바로 대학교 외부에서의 통제이다. 관료들은 대학교들에게 혁신적 변화의 방향을 제시하고 따르도록 하고 있다. 또한 정해진 틀 안에서만 변화할 것을 요구하기도 한다. 발전국가 시기 경제발전 계획에 따라 경제관료들이 기업들의 투자 방향을 제시하고 통제하던 것이 민영화와 자율의 방향으로 바뀐지 이미 30년이 넘는데 대학들은 여전히 교육관료들이 제시하는 방향으로 움직여야 하는 것이다. 대학교육 혁신의 가장 큰 걸림돌은 관료적 통제이다.

대응 방향

1. 교육부의 권한 축소 혹은 폐지와 대폭적인 고등교육 자율화

고등교육에 대한 관료적 통제는 과거 발전국가와 권위주의의 잔재이다. 변화가 가속화되고 지식의 체계가 복잡해지며, 연구와 교육의 경계가 날로 모호해지는 시대에 고등교육이 관료들이 정한 엄격한 기준과 지침을 반드시 따라야만 한다는 것은 이치에 맞지 않는다. 자유민주주의 어떤 사회에서도 고등교육을 한국처럼 통제하는 나라는 없다. '지원하되 간섭하지 않는다'는 원칙을 지킬 때 한국의 고등교육도 현재의 한계를 벗어나 지속적인 발전을 할 수 있다.

대학교들이 스스로 자신들의 교육과 학위의 수준과 질을 통제할 수 있도록 과감한 규제 완화가 이루어져야 함은 물론 등록금과 정원 등에 대해서도 교육부의 통제가 제약이 되지 않도록 해야 한다. 교육 서비스의 수준과 운영의 원칙 및 법적 절차 준수에 대해 대학교들 스스로 책임지도록 해야 한다. 대학교들 간의 선의의 경쟁을 통해서 고등교육의 질서와 혁신이 가능하도록 교육 당국은 큰 틀만 제시하고 세부적인 것들은 대학교들에 맡겨야 한다. 현재처럼 교수, 대학교, 학생과 학부모, 기업들 모두 불만족하는 상황을 벗어날 수 있도록 규제의 완화로부터 철폐로 나아가야 한다.

2. 대학교가 아닌 학생 중심 국가장학금, 교수 중심 연구비 지급

현재 정부의 교육과 연구에 대한 재정적 지원은 학교를 매개로 하는 경우가 많다. 어려운 형편의 학생들에게 지급하는 국가장학금도 대학교가 교육부 평가에서 문제가 있으면 지급이 중단된다. 대학교가 문제가 있으면 그 학교 소속 교원이나 연구소의 연구비 신청도 제한된다. 결국 교육과 연구에 대한 재정 지원이 대학교를 길들이는 수단이 되고 있다. 이때 대학교들이 따라야 하는 것은 법률이 아닌 교육부의 지침이다. 이러한 관료적 통제는 과잉 규제라고 할 수 있다.

과잉 규제에서 벗어나 진정한 교육과 연구의 발전을 가져올 수 있으려면 장학금과 연구비가 이를 필요로 하는 개인들에게 지급되어야 한다. 형편이 어려운 학생에게 장학금을 지급하고 이를 받은 학생들이 원하는 대학에 지원해서 합격하면 교육비 걱정 없이 공부하면 된다. 우수한 연구자들이 유망한 연구를 수행할 때 연구비 지원에 선정되면 연구를 대학교에서 수행하다 다른 학교로 이직할 때 연구비를 갖고 가면 된다. 이러한 방식으로 대학교들이 우수한 학생들과 교수들을 유치하기 위해 서로 경쟁하게 되면서 고등교육과 연구가 발전할 수 있는 것이다.

3. 학령인구 감소시대 대학교 퇴장exit 요건 완화

해방 이후 베이비붐 세대와 함께 고등교육의 확대도 이루어졌다. 그 결과 고등교육을 받은 인력이 크게 증가해 한국의 경제성장에 기여해 왔다. 하지만 이제는 인구가 감소하는 시대로 접어들었고, 전체 인구보다 더 빠른 속도로 학령 인구가 감소하고 있다. 초·중·고등학교에서도 비상이 걸렸지만, 대학교는 더욱 심각하다. 문제를 더욱 심각하게 만드는 것은 청년 인구의 수도권 집중 현상이다. 수험생 대비 입학인원으로 결정되는 대학 입시 경쟁률이 전반적으로 낮아지고 지방 대학생들의 취업에 대한 불안이 높아지면서, 지방의 대학교들은 상당한 시간 전부터 위기가 시작되었다.

고등교육 수요자의 감소에는 고등교육 공급자의 감소로 대응해야 한다. 일시적으로 해외 유학생들 특히 중국으로부터의 유학생들로 부족한 학생들을 메꾸지만 한중 관계 등의 요인으로 한계가 있다. 궁극적으로는 많은 대학교들에 대한 구조조정이 불가피하다. 경쟁력 있는 질적으로 우수한 고등교육의 제공을 위해서는 구조조정을 통한 선택과 집중의 전략이 필요한 것이다. 그런데 이러한 대응에 가장 큰 걸림돌이 되는 것이 현재 사립 대학교의 학교재단 관련 법률과 규정이다. 재단 해산 시 남은 재산을 국고 혹은 유관 기관으로 귀속시키도록 하는 규정으로 인해 많은 사립대학교들이 해산이 아니라 열악한 상황에서도 버티고 있기 때문이다. 설립자나 가족들이 다른 비영리재단으로 전환할 수 있거나 아니면 일부라도 돌려받도록 하는 한시적 규정을 통해 구조조정의 걸림돌을 없애고 신속하게 진행할 필요가 있다.

4
지속가능한 다양성과
창의의 문화

현황과 쟁점

한국 문화는 2000년대 들어 비약적 발전을 거듭하고 있다. 대중예술과 순수예술 모두 글로벌 무대에서 뛰어난 성과를 거두고 있기 때문이다.

대중예술의 경우 한류 혹은 K-culture가 전 세계적인 붐을 이루고 있다. 영화계에서 봉준호 감독 영화인 '기생충'의 아카데미상 수상 이후 세계 무대에서 한국 영화에 대한 관심이 쏟아지고 있으며, 드라마 역시 '오징어게임'으로 글로벌 인기 정상을 누리고 에미상을 받은 이후 OTT에서 한국 드라마의 인기가 급상승하고 있다. 또한 대중음악에서는 싸이의 '강남스타일'의 글로벌 인기 이후 BTS의 전 세계 차트 석권 및 각종 음악상 수상과 함께 한국 아이돌 그룹의 인기가 지속되고 있다. 이러한 한국 대중문화의 글로벌 인기는 다른 분야들로까지 전이되어 미용과 화장품, 한식 등 음식도 글로벌 관심의 초점이 되고 있다.

대중문화와 예술만이 아니다. 클래식 음악에서도 한국 음악가들의 약진이 두드러진다. 각종 세계적인 콩쿠르에서 한국 젊은 이들의 수상이 줄을 잇고 있으며 수상자들의 해외 공연은 티켓이 연일 매진되고 있다. 클래식 연주만이 아니라 작곡 분야에서도 한국 작곡가들의 활약이 눈부시다. 미술 분야의 경우 해외 아트페어에서 한국 작가들의 작품에 대한 미술애호가들의 관심이 쏟아지고, 한국 미술가들의 작품에 대한 해외 주요 미술관의 기획전시가 잇따르고 있다. 문학 분야에서도 한국 작가들의 문학작품의 해외 번역이 활발해지고, 이들 중에 해외 문학상을 타는 경우가 크게 늘었다. 한강 작가의 노벨상 수상은 이러한 문학적 성취 중 가장 두드러진 것이었다.

이처럼 대중예술과 순수예술을 망라한 한국 현대 문화의 글로벌한 인기와 성취는 한국의 소프트파워, 즉 글로벌 무대에서 한국에 대한 관심과 매력의 근원이 되고 있다. 20세기 후반의 산업화와 21세기 초의 디지털화로 선진국에 진입한 한국에 걸맞은 문화적 영향력을 갖게 된 것이다. 그런데 소프트파워 개념을 제안한 조지프 나이Joseph S. Nye 교수는 정치, 경제적인 하드파워가 곧

바로 그에 걸맞은 소프트파워를 가져오지 않는다는 점을 강조했다. 한국의 GDP가 성장하고 국방이 강화된다고 해서 한국의 문화적 수준이 자동적으로 높아지지 않는다는 것이다. 문화와 예술 분야에서의 분투와 노력, 그리고 이를 뒷받침하는 제도와 여건이 결합되어 현재의 성취를 이룬 것이다.

문제는 이러한 성취가 지속가능한지 여부다. 한국 문화예술의 놀라운 성취는 다양한 요인들이 특정 상황에서 결합적으로 작동해서 가능했다. 앞으로도 이러한 요인들과 상황의 결합이 계속 좋은 성취를 가져올 수 있도록 힘쓰고 노력할 필요가 있다.

대응 방향

1. 문화 개방성과 다양성의 지속 확대

글로벌 시대에 걸맞은 개방성과 다양성을 존중하는 문화적 분위기를 갖출 필요가 있다. 특히 문화적 민족주의의 한계를 벗어나야 한다. 20세기 한국의 문화예술에서는 민족문화가 궁극적 목표로 제시되었다. 하지만 민족문화의 내용이 무엇이고 그 경계가 어디인가에 대해서는 많은 논란만 있을 뿐 합의가 없었다. 한류로 대표되는 대중예술 및 순수예술에서의 성과는 이러한 민족 문화에 대한 엄밀한 정의나 합의가 부재하거나 모호한 상태에서 거둔 것이다. 따라서 한류의 정의나 경계 역시 마찬가지이다. 외국인들이 포함되거나 혹은 외국인만으로 구성된 아이돌 그룹의 인기와 성공을 한류라고 볼 것인가에 대해 여전히 아니라고 주장하는 사람들도 있다. 하지만 한류는 한국 문화가 20세기 초반 이후 직면했던 외국문화, 특히 서구문화와의 끊임없는 교류와 수용, 변용의 결과이며 앞으로도 그럴 것이다. 다만 달라진 것은 한국의 지위와 역할이 영향을 받는 것만이 아니라 주는 것이기도 하다는 점이다. 결국 한국 현대 문화와 예술은 전통과 외래 어느 것도 아닌 그 혼종hybrid임을 인정하고 그것이 지닌 가능성과 뛰어남을 계속 발전시켜야 한다. 그러한 점에서 모든 문화·예술에 대한 정책은 개방성과 다양성을 최우선으로 이루어져야 한다.

2. 문화예술에 대한 과감한 교육과 투자

문화예술 분야의 성과는 우수한 교육과 훈련을 기반으로 한다. 대중예술의 경우 기획사를 중심으로 한 연습생 제도가 대표적이다. 또한 순수예술의 경우 대학마다의 예술 관련 학과 외에 한국예술종합학교 등의 전문기관에서의 교육과 훈련이 중요하다. 기획사 연습생의 경우 오랜 기간 힘든 훈련과정과 높은 경쟁을 거쳐야 함에도 불구하고 오디션에 많은 청소년들이 몰린다. 최근에는 기획사와 예술학교 외에도 사설 학원들을 통해 예술교육과 훈련이 많이 이루어진다. 문제는 이러한 교육과 훈련의 비용이 상당하며, 교육을 받는 청소년들에게 큰 부담이 되는 경우가 많다는 것이다. 특히 저소득층 자녀들의 경우 자신들의 재능을 시험해보고 펼칠 기회를 갖기 어렵다는 문제가 있다. 문화예술에 대한 과감한 공공 교육과 투자를 통해서 잠재적인 인재들을 발굴하려는 노력을 지속할 필요가 있다. 기획사들은 비즈니스로서 별도의 지원이 필요치 않다. 하지만 미래의 스타를 꿈꾸는 사람들에게는 지원이 필요하다. 이를 통해 현재 기획사 중심의 인재 발굴과 훈련 체계를 보완할 필요가 있다.

3. 양극화 시대 문화의 자율성 보호

2000년대 들어 한국의 문화예술이 대중예술과 순수예술 분야 모두에서 높은 성과를 올릴 수 있었던 것은 과거 권위주의 시기와 달리 문화예술계가 상대적 자율성을 누릴 수 있었기 때문이다. 외부로부터의 간섭이나 통제에서 벗어나 자유롭게 문화예술에만 전념할 수 있는 분위기에서 최선을 다한 결과이다. 그런데 최근 들어 문화예술계에 간섭과 통제의 우려가 높아진다. 그것은 정치적, 이념적으로 양극화된 사회적 분위기와 함께 온라인 SNS 등을 통해 예술가들에게 모욕을 퍼붓는 경우가 늘고 있기 때문이다. 물론 2010년대에도 블랙리스트나 화이트리스트 등을 통해 문화예술에 대한 정치권력의 간섭 시도가 있었다. 하지만 최근에는 정치권력의 직접적 재갈 물리기보다 대중의 이름으로 특정 예술가를 압박하는 경우가 늘고 있다. 권력의 외압 못지않게 이러한 대중적 압력 역시 예술가의 자유로운 창작을 위축시키는 결과를 가져온다. 따라서 이처럼 양극화와 사회적 갈등이 예술계를 제약하고 문화와 예술에 미치는 부정적 영향 최소화를 위해 문화, 예술의 자율성을 적극 보호해야 한다.

5
규제와 세제 개혁을 통한
자산의 형성과 세대 간 이전 촉진

현황과 쟁점

변화한 경제 상황을 따라가지 못하는 자산 과세

한국은 세계적으로도 높은 수준의 자산 과세를 부과하고 있으며, 이는 자산 형성과 세대 간 자산 이전 과정에서 큰 부담으로 작용하고 있다. 고령화와 경제 성장 저하로 인해 청년층의 근로소득 증가에 대한 기대가 크지 않기 때문에 자산 형성에 더 관심이 쏠릴 수밖에 없는데, 현재의 제도는 고도성장기의 문제의식에 머물러 있다. 특히 금융투자소득세, 가상자산 과세, 상속·증여세 제도는 투자 활성화를 저해하고, 세대 간 부의 원활한 이전을 어렵게 만드는 요인으로 지적되고 있다.

도입을 앞두고 폐지된 금융투자소득세는 주식, 채권, 펀드 등 금융상품에 대한 과세 체계를 대폭 변경하는 방향이었다. 연간 5천만 원 이상의 금융투자 소득에 대해 20~25%의 세율을 부과하는 제도로, 기존 대주주 요건(10억 이상 보유)에 따른 양도소득세 과세보다 과세 범위가 대폭 확대된다. 하지만, 이 제도가 도입될 경우 장기 투자자들이 국내 주식시장에 대한 투자를 줄이고, 해외 시장으로 이동하는 부작용이 발생할 가능성이 크다. 미국, 일본, 유럽 주요국들은 장기 투자에 대한 세제 혜택을 부여하는 반면, 한국은 장기 투자자도 동일한 과세를 적용받아 불리한 상황이 될 터였다.

가상자산(이하 디지털자산) 과세는 2025년부터 시행될 예정이었으나 유예됐다. 디지털자산 거래 이익을 기타소득으로 분류하고 22%의 세율을 부과하여 분리과세하는 방식이다. 그러나 디지털자산의 특성상 과세 여건이 미비하여 조세 형평성에 심각한 문제를 갖고 있으므로 유예 전에 제도 개선이 필요하다.

상속세 및 증여세는 한국에서 가장 논란이 많은 조세 중 하나로, 최고세율이 50%에 달하고 이는 경제협력개발기구OECD 국가 중 가장 높은 수준이다. 또한 기업 승계를 어렵게 만들어 경제의 연속성을 저해하는 문제를 가지고 있다. 경영권 승계 시 기업 지분에 대한 20% 할증 평가 규정이 있어, 기업을 승계하려는 경우 실제 부담이 60%에 가까워진다. 현행 제도는 상속세를 유산세 방식으로 부과하고 있으며, 세율과 과세표준이 1997년 이후 변화가 없다는 점도 문제로 지적된다. 따라서 유족 중심의 유산취득세 방식으로 개편하고, 과표구간 및 세율 조정을 통해 합리적인 세 부담을 유도할 필요가 있다.

청년의 주거 문제와 자산 형성의 불리함

한편 청년층은 자산 형성에 큰 좌절감을 갖고 있다. 이는 주거 불안과도 깊게 연관되어 있다. 높은 주거 비용과 부족한 공공 임대주택으로 인해 청년층은 안정적인 거주 공간을 확보하는 데 어려움을 겪고 있으며, 대학생뿐만 아니라 취업준비생과 사회초년생도 주거 불안을 겪고 부모로부터의 독립이 지연되는 원인으로 작용하고 있다. 특히, 기존의 공공임대주택은 공급이 부족하고 대상이 한정적이며, 신청 조건이 까다로워 실질적으로 많은 청년이 혜택을 받지 못하는 문제가 있다. 수도권을 중심으로 급등하는 부동산 가격과 전·월세 비용 상승은 청년층이 독립적인 생활을 유지하는 것을 더욱 어렵게 만들고 있다.

대응 방향

1. 금융투자소득세 재설계

금융투자소득세는 자본시장의 건전한 성장을 도모하기 위한 목적이 있지만, 과도한 세 부담이 투자 심리를 위축시키고, 국내 자본시장의 경쟁력을 떨어뜨릴 위험이 있다. 특히, 해외 주요국들은 장기 투자에 대한 세제 혜택을 확대하고 있어 한국도 이에 맞춘 개편이 필요하다.

이를 위해서는 일단 장기 투자에 대한 세제 혜택을 강화해야 한다. 미국은 장기 보유 주식(1년 이상)에 대해 낮은 세율(최대 20%)을 적용하는 '장기 자본이득세Long-term Capital Gains Tax' 제도를 운영하고 있다. 일본도 'NISA소액투자 비과세 제도'를 도입하여 일정 금액 이하의 장기 투자에 대해 세금을 면제하고 있다. 한국도 금융투자소득세 적용 시 5년 이상 장기 보유한 주식과 채권, 펀드에 대해 세율을 감면하는 방식을 도입할 필요가 있다. 이를 통해 단기 매매 위주의 시장 구조를 개선하고, 장기 투자 문화가 정착될 수 있도록 해야 한다.

과세 기준 금액 상향 조정도 필요해 보인다. 폐지된 금융투자소득세는 국내주식에서 연간 5천만 원 이상의 금융소득에 대해 과세하지만, 이와 무관하게 해외주식에서 발생한 소득이 연간

250만원을 넘을 경우 20%의 양도소득세 과세 대상이 된다. 최근 해외주식 투자가 크게 늘었기 때문에 금융투자소득세를 재설계하여 도입하면서 해외주식에 대한 비과세 한도도 상향 조정할 필요가 있어 보인다. 이를 통해 일반 투자자들이 부담 없이 금융상품에 투자할 수 있도록 유도하고, 과세로 인한 시장 위축을 방지해야 한다.

2. 디지털자산에 대한 현실적인 과세 방안 마련

디지털자산으로부터 거둔 수익에 대해 과세를 할 수 있으려면 산 시점과 판 시점의 물량과 가격이 정확히 파악이 되어야 한다. 그런데 디지털자산이 국내에서만 살 수 있고 팔 수 있으면 이것이 가능하지만, 디지털자산은 국경이 없다. 한국의 거래소들은 '트래블룰Travel Rule', 즉 송금되고 입금되는 디지털자산이 누구에 의한 것인지 일일이 확인하는 절차를 따르고 있는데, 주요국 중에 트래블룰을 따르는 나라가 한국 외에는 거의 없다. 트래블룰은 FATFFinancial Action Task Force라는 국제적인 자금 세탁 방지를 위해 설립된 정부 간 조직의 권고 중 하나이다.

그러다 보니 만약 수익에 따라 과세하는 방식을 취하면 국내거래소만 이용하는 투자자들만 세금을 내는 상황이 발생하여 조세 형평성이 심하게 훼손될 것이다. 이러한 상황은 국내적으로 개선할 수 있는 것이 아니기 때문에, 만약 과세를 한다면 거래세가 대안이 될 것이다.

3. 상속·증여세 개편을 통한 세대 간 자산 이전

상속·증여세 개편은 경제적 지속 가능성을 높이고, 기업 및 가계의 세대 간 자산 이전을 원활하게 하는 핵심 정책이다.

첫째, 유산세 방식에서 유산취득세 방식으로 전환해야 한다.

한국의 현행 상속세는 유산 전체를 기준으로 세금을 부과하는 방식이므로, 상속인의 부담이 과도하게 크다. 반면, 독일과 일본은 유산취득세 방식을 채택하여, 상속인이 실제로 취득한 재산을 기준으로 과세하고 있다. 한국도 이를 도입하면 과세 형평성을 확보하고, 유족의 부담을 완화할 수 있다.

둘째, 상속세 과표구간 및 세율을 조정해야 한다.

한국의 상속세 과표구간은 1997년 이후 변화가 없어서 30년 가까운 기간 동안의 물가 및 자산가격 상승률을 전혀 반영하지 못하고 있다. 따라서 과표구간을 현실적으로 조정할 필요가 있다. 또한, 최고세율을 현행 50%에서 40~45% 수준으로 조정하여, 소득세율과 균형을 맞춰야 한다(현재 소득세 최고세율은 45%). 이는 상속세를 부과하는 OECD 평균 수준과 유사하며, 기업 승계를 원활하게 할 수 있는 환경을 조성하는 데 기여할 것이다.

셋째, 배우자 상속 공제를 확대하고, 유가증권 할증평가를 폐지해야 한다.

현재 배우자 상속 공제는 법정 상속분보다 적어 배우자가 실질적으로 많은 재산을 상속받기 어렵다. 프랑스와 독일은 배우자 상속세 공제를 대폭 확대하여, 배우자가 상속받은 재산에 대해 세금 부담을 줄이고 있다. 한국도 배우자 상속 공제를 한도 없이 허용하거나, 최소한 법정 상속분에 가깝게 확대해야 한다. 또한, 상속 후 상속인이 최대 주주가 되지 않는 경우에도 적용되는 유가증권 할증평가(20%)를 폐지하여, 기업 승계의 부담을 줄일 필요가 있다.

4. 청년 주거 문제의 틀을 깨는 접근

청년층의 주거 불안을 해소하고 자산 형성을 돕기 위해서는 공공임대주택 공급을 확대하는 한편, 주택 구입의 금융 제한을 청년층에 완화할 필요가 있다.

현재 공공임대주택은 대학생이나 신혼부부 위주로 공급되며, 취업준비생이나 직장 초년생을 위한 맞춤형 주거 지원이 부족한 상황이다. 한 가지 방안으로 서울 및 수도권 내 청년 주거 수요가 높은 지역에 초·중·고 폐교 부지를 활용한 '행복기숙사' 및 공공 청년주택을 건립하여, 취업준비생과 사회초년생도 안정적인 주거 환경을 확보하는 것을 고려할 수 있다. 초·중·고는 각 지방교육청 소관이라 이러한 용도 전환에 칸막이가 있는 것이 가장 큰 걸림 돌인데, 이전부터 논의된 지자체장과 교육감의 러닝메이트 선출 방식이 이러한 문제 때문에도 필요하다.

그러나 공공임대주택은 청년이 저축할 기회를 주기도 하지만 과도하게 의존하게 되면 부동산을 통해 청년이 자산을 형성할 시점을 늦출 수 있다. 따라서 중장년층에 비해 자금이 부족한 청년이 자가를 소유할 방법에 대해서도 전향적인 접근이 필요하다. 가계 부채 총량에 대한 우려가 지속되어 왔지만, 한국의 가계 부채는 상당 부분이 우량한 주택 담보가 설정되어 있어 경제에 위험을 끼칠 가능성이 크지 않다는 것이 전문가의 중론이 되어 가고 있다.

청년의 경우 주택 담보 가치 대비 대출금액의 비율LTV을 규제 대로 적용하게 되면 현금이 부족하여 주택 구입이 어렵다. 2025년 3월 초 현재 LTV 규제는 무주택자, 1주택자는 비규제지역에서는 최대 70%, 규제지역에서는 40~60%의 LTV가 적용되는데, 생애 최초 구입이라면 규제지역 여부와 상관없이 집값의 80%까지 대출받을 수 있는 등의 예외가 있다. 그러나 최대 6억 원의 대출 한도가 있어서 예컨대 중위가격이 10억 원을 넘나드는 서울 아파트는 4억 원 정도의 현금이 있지 않으면 살 수가 없다. 청년의 경우 일반적인 규제 비율보다 더 높게 대출을 받을 수 있도록 할 필요가 있다. 그렇다고 해도 DSR소득 대비 원리금 부담의 비율 규제가 있기 때문에 대출이 심각하게 부실화될 위험을 통제할 수 있다.

4부

안심
Safety

UP

1
모두를 위한
돌봄 사회 서비스

현황과 쟁점

돌봄 서비스의 수요 급증

한국 사회는 급격한 고령화와 저출산으로 인해 돌봄 서비스의 중요성이 더욱 커지고 있다. 그러나 현재의 돌봄 체계는 여전히 가족 중심이며, 특히 여성들에게 돌봄의 책임이 집중된다. 맞벌이 가정이 증가하면서 육아 및 노인 돌봄에 대한 수요가 폭발적으로 증가하고 있지만, 공공 돌봄 서비스는 충분하지 않고 민간 서비스는 비용 부담이 커서 사회적 불평등을 심화시키는 요인이 되고 있다.

공공과 민간의 조화 미흡

영유아 보육의 경우, 영유아 수의 급격한 감소로 지역에 따라서는 어린이집 폐업이 늘고 있는 현실이라 양적 문제는 크지 않은 것으로 보인다. 그러나 맞춤형 보육에 대한 수요가 늘고 있는데, 공공의 공급은 충분하지 않고 민간의 공급은 질에 대한 불안과 비용이 문제가 된다. 노인 돌봄은 요양병원이나 요양원 같은 시설 중심의 돌봄 여건에 대한 불만이 크다. 노인의 경우 살던 곳에서 노후를 보내고 싶은 욕구가 큰데, 이를 뒷받침할 수 있는 거주 여건의 전환이나 돌봄 서비스의 이용은 쉽지 않다. 가족 내 돌봄 필요는 출산율 저하와 노동시장 참여율 감소로 이어지며, 특히 여성들의 경제활동 지속성을 저해하는 요인으로 작용하고 있다.

OECD 국가들과 비교했을 때, 한국의 돌봄 서비스에 대한 공공지출 비중은 여전히 낮은 수준이고, 이는 돌봄 서비스의 질과 접근성을 떨어뜨리는 원인이 되고 있다. 따라서 사회적 돌봄 체계를 강화하여, 누구나 안정적으로 육아와 노인 돌봄을 받을 수 있는 환경을 구축하는 것이 필요하다. 공공성을 확대하는 한편 산업으로서의 성장을 촉진하여 공공과 민간이 조화롭게 발전하도록 하는 것이 핵심이다.

대응 방향

1. 공공 돌봄 서비스 확충과 민관 협력 모델 도입

돌봄 서비스의 핵심은 공공성이 강화되면서도, 민간 시장과 조화를 이루는 방식으로 발전하는 것이다. 현재 한국은 민간 중심의 돌봄 서비스에 의존하는 비율이 높아 이용자의 경제적 부담이 크고, 서비스 품질이 지역별로 차이가 발생하는 문제가 있다. 이를 해결하기 위해 공공 돌봄 인프라를 확대하면서, 민간 돌봄 서비스의 질을 관리하고 지원하는 정책이 필요하다.

또한 가정 돌봄 부담을 줄이기 위해 돌봄 인력에 대한 처우 개선이 필수적이다. 현재 돌봄 서비스 종사자의 임금과 근로 환경이 열악하여 인력 부족 문제가 심각하다. 프랑스는 돌봄 종사자의 처우 개선을 위해 사회보험 적용을 확대하고, 직업 훈련을 강화하는 정책을 시행하고 있다. 한국도 돌봄 노동자의 사회보험 가입률을 높이고, 경력 개발을 지원하는 방안을 마련해야 한다.

2. 노인 돌봄을 위한 지역사회 중심의 돌봄 시스템 강화

한국은 노인 돌봄 체계는 요양병원이나 요양원 중심으로 운영되며, 이는 가족과 사회의 부담을 가중시키는 한편, 노인의 삶의 질이 떨어지는 요인으로 작용하고 있다. 선진국들은 병원 중심의 돌봄에서 벗어나, 지역사회 기반의 돌봄 시스템을 확충하는 방향으로 정책을 전환하고 있다.

일본은 '지역포괄케어시스템Community-based Integrated Care System'을 도입하여, 의료, 돌봄, 주거, 생활 지원을 통합적으로 제공하는 체계를 구축하였다. 이를 통해 노인들이 병원이 아닌 지역사회에서 장기적으로 돌봄을 받을 수 있도록 지원하고 있으며, 요양시설을 대체할 수 있는 재택 돌봄과 커뮤니티 돌봄 모델을 확산시켜왔다.

지역별 돌봄 거점을 구축하고, 노인 돌봄이 필요한 가정을 대상으로 방문 요양 및 맞춤형 돌봄 서비스를 확대하는 정책이 필요하다. 또한, 노인 돌봄의 지속 가능성을 높이기 위해 가족 돌봄 부담을 줄이는 정책이 필수적이다. 스웨덴과 독일은 돌봄 휴가제도caregiver leave를 운영하여 가족들이 일정 기간 동안 유급 휴가를 받고 가족을 돌볼 수 있도록 지원하고 있다. 한국도 가족 돌봄 휴가를 확대하고, 장기 요양보험의 적용 범위를 넓혀 노인 돌봄을 사회적으로 지원하는 방향으로 정책을 발전시켜야 한다.

3. 육아 돌봄 서비스의 민관 협력과
보육 서비스 질 개선

노인 돌봄은 그래도 재가급여 제공기관(노인복지법상 재가노인복지시설 및 노인장기요양보험법상 재가장기요양기관)이 민간으로 폭넓게 제공 중인 반면, 아이 돌봄은 민간의 서비스 공급이 공공과 조화를 이루는 데 제한적이다. 현재 아이 돌봄은 여가부 '아이돌봄 서비스' 제공 기관이 ▲가족센터 156개소 ▲건강가정지원센터 12개소 ▲다문화가족지원센터 3개소 ▲여성단체 여성인력 6개소 ▲지자체 직영 16개소 ▲사회 복지관 3개소 ▲자활센터 4개소 ▲기타 28개소 등 총 228개소로, 대부분 공공으로 제한되어 있다. 그 결과 2023년 기준 아이돌봄서비스 대기 가구는 1만3000여 가구, 대기 기간은 평균 33일 수준이다.

민간의 소개소 알선이나 직접거래를 통해 자율적으로 제공하는 유형(육아도우미)이 있고, 육아도우미가 여성가족부 장관에게 신원 확인서 발급 요청을 할 수 있으나, 제도 도입 이후 발급 실적이 없는 현실이다.

노인돌봄 서비스를 제공하는 '요양보호사'에 자격증을 요구하는 것과 유사하게 '아이돌보미' 자격증을 신설하고, 이미 경력을 갖춘 경우에는 경과 조치를 마련하여 시행함으로써 민간의 서비스 시장 확대를 유도할 필요가 있다.

또한 보육 서비스의 질을 유지하기 위해서는 보육 교사의 근로 환경 개선과 경력 개발 지원이 필수적이다. 한국의 보육 교사들은 장시간 노동과 낮은 급여로 인해 이직률이 높고, 이로 인해 보육 서비스의 연속성이 보장되지 않는 문제가 발생한다. 유보 통합이 잘 진행될 경우 문제가 상당 부분 해결될 것으로 기대되나, 제도가 안착될 때까지 세심한 주의가 필요할 것이다.

서비스의 확대에도 불구하고 육아에 있어 부모의 역할은 절대적이기 때문에 부모들이 육아와 일을 병행할 수 있도록 유연근무제와 육아휴직 제도를 보다 적극적으로 활성화할 필요가 있다. 지금까지 육아휴직에 제도의 초점이 맞춰져 있었으나, 휴직으로 인한 업무의 단절이 부담스러울 수 있기 때문에 유연근무의 활용이 강조될 필요가 있다. 특히 중소기업 등 인력수급이 원활하지 않은 환경에서 유연근무나 육아휴직이 사용되기 위해서는 이들 제도를 이용하는 데 기업에 대한 인센티브를 강화해야 한다. 유연근무나 육아휴직 사용에 비례하는 법인세제 지원이나 대체 인력 비용 보조 등 재정 지원을 강화할 필요가 있다.

2
국민의 재산을 사기와 갈취로부터 지켜주는 책임지는 정부

현황과 쟁점

2022년 여름 이후 2024년 말까지 전세사기의 피해자 수는 25,000명을 넘었고 그중 70%가 넘는 인원이 40대 미만의 청년이었다. 또한 이들의 피해액 규모는 2조 5000억 원을 넘는 것으로 보고되었다. 피해자 개인별로 보면 피해액은 보증금 3억 원 이하가 대부분으로, 경제적 사정이 열악한 계층에 전세사기가 집중되었음을 알 수 있다. 영세한 청년층을 대상으로 미래 자립의 희망을 꺾어버릴 뿐 아니라 심한 경우는 스스로를 자책하다 자살에 이르는 전세사기는 국민의 재산을 빼앗는 대표적인 악질 범죄이다. 하지만 이들 중에서 정의가 실현되어 범죄조직이 소탕되고 피해액이 환수되어 구제를 받은 경우는 많지 않다.

청년층에서 전세사기가 가장 악질적인 범죄라면 고령층에서는 보이스피싱의 피해가 심각하다. 보이스피싱은 2021년 3만 건 이상에서 2023년 2만 건 이하로 줄었지만 2024년 다시 증가했으며, 피해액은 지속적으로 증가해서 2024년 2,500억 원을 크게 넘는 규모로 늘었다. 보이스피싱 외에도 중장년 고령층을 대상으로 한 라임, 옵티머스 등 펀드 사기로 인한 피해액 역시 수천억 원에서 조 단위까지 이르는 심각한 수준에 이르렀다. 연령대를 가리지 않는 사이버 사기 범죄 역시 크게 늘어 2023년 16만 건이 넘고 피해액 역시 최근 5년간 평균 1조 원을 넘는 규모로 크게 늘었다. 그 밖에도 피해자들의 약점을 잡고 이를 이용해 금전적 갈취를 하는 사례도 지속적으로 증가하고 있다.

사기와 갈취 등 국민의 재산에 대한 범죄가 급증하는 것에 비해 공권력의 대응은 충분하지 못한 상황이다. 금융당국과 검찰, 경찰 등이 공조를 통해 신속하게 대응하고, 피해자들에 대한 지원과 구제를 위한 노력이 체계적으로 이루어져야 함에도 불구하고 여전히 그렇지 못한 실정이다. 노후가 불안한 고령층과 자립을 위한 준비가 부족한 청년층 등 취약한 위치의 피해자들에 대한 보호와 지원이 부족한 상황에서 피해자들에게는 절망과 고통만이 있을 따름이다.

범죄 위험을 개인화하면 안된다

　현대 사회를 위험사회라고 할 때, 그 핵심은 우리가 사회경제 제도와 조직, 그리고 기술적 체계의 복잡화에 따라 예상치 못한 상황이나 사태를 맞게 되기 때문이다. 각종 위험에 대한 일반적 생각은 위험이 무작위적이라는 것이다.

　하지만 위험은 무작위적인 것이 아니라 계층화되어 있는 경우가 많다. 범죄자들은 피해자들을 무작위로 고르는 것이 아닌 경우도 많고, 보이스피싱처럼 무작위로 고르더라도 피해자가 되는 것은 무작위적이지 않다. 많은 경우 재산범죄 피해자들은 취약계층에 속한 경우가 많다.

　재산범죄 위험이 무작위가 아니라 계층화되었다는 사실은 재산범죄가 불평등과 양극화를 더욱 심화시킨다는 것을 의미한다. 어렵게 모은 재산이 순식간에 사라져 빈곤과 부채의 늪에 빠질 뿐 아니라 자신의 처지를 노력해서 개선하려는 의지까지 빼앗기 때문이다.

　그렇기 때문에 재산범죄는 사회 기본질서를 위협할 뿐 아니라 취약계층의 삶을 위협하는 범죄로 강력하게 대처할 필요가 있다. 누구에게나 닥칠 수 있는 위험이지만 취약계층은 더욱 재산범죄에 취약하기 때문이다.

재산범죄는 사회, 경제시스템의 빈틈을 노린다

범죄자는 어느 사회에나 있고, 피해자도 역시 어느 사회에나 있다. 하지만 범죄가 좀 더 용이하거나 발생 가능성이 높은 상황이 존재한다. 라임이나 옵티머스 사기 역시 문재인 정부 시기에 집중되었다. 수도권에서 청년들의 주거문제가 심각해진 상황이 전세사기를 더욱 부추겼을 가능성은 매우 높다. 금융당국의 규제나 감시가 취약해지거나, 피해자들의 상황이 절박해진 경우에 사기는 더욱 기승을 부리기 때문이다.

재산범죄를 전적으로 근절하는 것은 어렵지만, 재산범죄가 조직화되고 만연하게 되는 것을 방지하려는 노력은 가능하고 필요하다. 또한 재산범죄 피해의 가능성이 높다고 판단되는 사람들에 대한 피해방지 교육과 체계적 지원을 통해 피해 가능성을 낮추는 것도 가능하다. 재산범죄 발생이 늘어난다면 그것은 범죄자가 늘어난 탓도 있지만 사회·경제 시스템의 빈틈이 넓어졌기 때문이라는 인식을 하고 이를 메꾸려는 노력이 있어야 한다.

대응 방향

1. 재산 범죄 피해자 지원의 체계화

　재산 범죄 피해자들은 일상이 송두리째 무너지는 것은 물론 많은 경우 미래에 대한 희망을 모두 빼앗겨 버린다. 가해자를 찾아내고 피해 회복에 이르는 시간이 길 뿐만 아니라 당장의 생계마저 위태로운 경우도 많다. 더욱 심각한 점은 가해자를 끝내 찾지 못하거나, 피해액 회복 가능성이 거의 없는 사례가 상당수라는 것이다.

　이처럼 막다른 상황에 몰린 피해자들에 대한 지원과 구제의 노력은 공공에서도 가능하지만 사회 전반적으로도 가능하다. 피해자들의 부채 연장, 생계 지원, 무료 법률 지원 등에 대한 사회적 관심과 협조를 조직하는 한편 공공 부문에서도 피해 상황 접수에서부터 범죄자 검거와 피해 회복에 이르는 과정을 신속하고 투명하게 진행하도록 최선을 다할 필요가 있다.

2. 재산범죄 대응 상시협조체계의 구축

　재산범죄의 경우 일반 범죄와 달리 금융 당국과의 긴밀한 협조가 필요하다. 또한 최근 들어 사이버를 이용한 재산범죄가 증가하는 추세 속에서 사이버 전문 인력의 도움이 필요한 경우도 많다. 따라서 국민 상대의 재산범죄가 줄어들 때까지 상시적으로 재산범죄를 전담할 협조체계를 만들어 총력을 기울일 필요가 크다.

민생의 어려움을 해결하는 것이 경제당국의 책임이라고 한다면, 민생의 몰락을 막는 것은 재산범죄 수사와 기소를 담당한 검찰과 경찰, 그리고 금융당국의 책임이다. 피땀흘려 어렵게 모은 재산을 하루아침에 송두리째 빼앗길 위험이 높아진다면 그건 전쟁이나 재난과 유사한 비상 상황과도 같다는 걸 우리는 인정해야 한다. 국민의 생명과 재산, 안전을 지키는 것이 국가의 기본 책무라고 할 때 재산범죄 피해를 입지 않도록 보호하는 것은 국가의 기본 임무이기 때문이다.

3
여성의 안전을
끝까지 보장하는 정부

현황과 쟁점

여성의 안전은 객관적 그리고 주관적으로 악화되고 있다. 경찰 범죄통계에 따르면, 2019년에서 2023년 사이 전체 범죄 피해자 중 여성 비중은 28.4%에서 29.0%로 큰 변화가 없고, 남성 비중은 45.7%에서 43.5%로 다소 낮아졌다. 하지만 2023년 강력범죄 피해자 수 전체 24,641명 중에서 남성이 3,175명인 반면 여성은 21,455명으로 여성이 월등히 많다. 이것은 성범죄 관련 피해자 여성이 많기 때문이다. 강간과 강제추행 등 여성 피해자가 많은 범죄는 2019년에서 2021년까지 다소 줄어들다가, 2022년 이후 다시 증가하는 추세를 보인다. 최근 많은 관심을 모은 스토킹과 데이트폭력의 경우를 보면 더욱 심각하다. 스토킹 신고 건수의 경우 지난 3년간 2.3배 증가하여 2024년 9,017건이 신고되었다. 또한 데이트폭력 신고 건수는 77,150건으로 집계되었고, 이중 13,921건이 검거되었다.

객관적 안전 상태가 악화되면서 안전에 대한 여성들의 주관적 인식도 최근 들어 악화되는 추세이다. 안전에 대한 인식을 물은 통계청 사회조사 결과에서 범죄로부터 안전하다고 느끼는 비율은 전체 남성이 28.3%인 반면 여성이 17.7%로 10%포인트 넘게 차이를 보이며, 20대와 30대 남성이 각각 35.1%와 33%인 반면, 20대와 30대 여성은 각각 16.2%와 16.1%로 20~30대에서 남녀의 범죄안전도에 대한 인식은 격차가 전체 평균에 비해 더 큰 것으로 나타났다. 특히 20대 남성의 경우 안전하지 않다는 응답이 30.1%로 안전하다는 응답보다 적은 반면, 20대 여성은 안전하지 않다는 응답이 53%로 안전하다는 응답보다 월등히 많았다.

야간에 길을 걸을 때 안전하다고 느끼지 않는다고 응답한 비율은 남성이 25.7%, 여성은 47%로 20%포인트 넘게 차이를 보인다. 5년 전과 비교해 범죄로부터의 안전의 변화에 대해서는 남녀 모두 나빠졌다는 응답이 좋아졌다는 응답에 비해 크게 앞섰으며, 5년 후의 변화에 대해서도 마찬가지이다. 국민의 안전을 위협하는 것이 무엇이냐는 질문에 대해 남성 중에서 안보라고 응답한 비율이 가장 높은 반면, 여성 중에서는 범죄라는 응답이 가장 높다.

1인 가구 증가로 여성 안전 중요성이 높아졌다

여성들의 1인 가구 비율은 2015년 27.2%에서 2023년 35.5%로 크게 늘었다. 1인 가구로 독립적으로 생활하는 여성들이 범죄 발생 시 대처가 미흡할 가능성이 높아 범죄대상이 될 우려가 커지고 있다. 특히 주거침입, 데이트폭력, 스토킹 등의 우려를 들 수 있다. 젊은 1인 가구들의 주거 실태는 안전에 취약한 경우가 많다. 특히 반지하이거나 주변의 안전시설이 잘 갖춰지지 않은 1인 가구인 여성들의 경우 안전의 위험이 더욱 크다.

2020~2023년 침입 범죄 빅데이터 분석 결과, 2024년 상반기 월평균 침입 범죄 발생 수가 1년 전 대비 15.2% 증가했다. 경찰청 범죄 통계에서도 2023년 성범죄(강간) 발생 장소에서 거주지, 즉 집의 비율이 47.9%로 가장 높았다. 1인 가구의 증가추세를 고려한다면 향후 1인 가구 여성들을 상대로 한 범죄의 위험은 계속 늘어날 전망이다. 주거침입이나 스토킹 등 1인 가구 여성들이 취약한 범죄에 대비할 수 있는 안전 장치에 대한 지원이 시급한 상황이다.

친밀성 기반의 여성 범죄에 대한 대응을 강화해야 한다

최근 들어 크게 증가하는 여성 상대 범죄가 스토킹이나 데이트 폭력 등 친밀성을 기반으로 한 범죄이다. 물론 여전히 강간 범죄 가해자의 가장 대표적인 유형은 전혀 모르는 사람이지만 이는 강간 범죄의 규정상 그런 측면도 있다. 스토킹이 3년간 2.3배 증가하고 데이트폭력 신고가 7만 건을 넘어서며, 검거된 건수가 1만 4천 건에 가까운 것은 여성 상대 폭력 건수가 8만 6천 건이 안되는 것에 비추어 볼 때 친밀성 기반 범죄가 위협적 수준에 이르렀다는 의미이다.

범죄는 국가가 국민들의 생명과 안전을 보호하기 위해 전쟁과 함께 해결해야 할 가장 기본적인 위협이다. 그런데 인구의 절반을 차지하는 여성들에 대한 안전의 위협에서 친밀성에 기반한 범죄가 큰 부분을 차지하고 있다. 친밀성은 비록 개인간의 문제이지만 그것이 범죄의 계기로 작용하게 된다면 국가는 이에 적극적으로 나서서 범죄 피해가 우려되는 여성을 보호해야 할 의무가 있다. 만약 이를 방기한다면 그것은 국가의 기본 의무를 방기하는 것이기 때문이다.

대응 방향

1. 1인 가구 여성이 안전할 수 있는 환경 제공

　1인 가구의 증가는 피할 수 없는 추세이며 남녀 모두에 해당한다. 그런데 유독 1인 가구, 그중에서도 젊은 여성들은 1인 가구라는 주거환경이 안전과 직결된다. 특히 안전 시설이 취약한 경우의 1인 가구 여성들은 안전에 대한 불안이 높을 뿐 아니라 실제로 범죄에 노출될 가능성도 높다. 따라서 범죄 취약 환경에 대한 적극 대응이라는 측면에서도 1인 가구 여성들을 위한 안전 대책이 필요하다.

　우선적으로 안전 관련 기술을 적극 적용해서 1인 가구 여성들을 위한 보안업체 서비스에 대한 공공 지원을 제공하는 방안을 생각해 볼 수 있다. 또한 1인 가구 여성들이 많은 지역에 대한 가로등, CCTV 등의 설비를 최우선으로 하는 방안, 그리고 휴대폰이나 기타 긴급 호출과 즉각적 대응체계를 갖추도록 하는 방안 등을 생각해 볼 수 있다.

2. 사이버 성범죄에 대한 적극적 대응과 예방의 강화

최근 여성들의 범죄에 대한 중요한 불안 요인의 하나가 사이버 성범죄이다. 온라인을 통한 직접적 방식이나 사진의 조작과 같은 간접적 방식, 아니면 사이버 보안의 취약성을 이용하는 등 다양한 방식으로 여성들의 민감한 정보와 영상 자료를 이용해서 명예를 심각하게 훼손하는 것은 물론, 경제적 갈취까지 자행하는 경우가 급격하게 늘고 있다.

사이버 성범죄는 온라인을 통한 확산이 가져올 피해를 고려하면 신속하게 대응할 필요가 있다. 이를 위해서는 피해자의 신고에 대해 적극적인 조치를 취하고 디지털 플랫폼과의 협조를 통해 불법 이미지나 영상의 삭제를 신속히 진행하여 피해를 최소화하는 것이 필수적이다. 이를 위해서 개인정보 보호와 사이버 범죄 대책을 연계시켜 지속적으로 진화하는 테크놀로지를 이용한 범죄에 대응할 수 있도록 할 필요가 있다.

3. 스토킹, 데이트폭력에 대한 적극적 대응체계 구축

친밀성에 기반한 여성 상대의 범죄에 대한 일반적 통념은 여성들이 자초한 것이라는 잘못된 인식이다. 하지만 스토킹, 데이트폭력은 여성들이 원한 것이 아니라 전적으로 피해자인 범죄이다. 또한 친밀성 기반의 범죄는 공권력이 개입할 필요가 없는 개인의 사적인 영역이 아니라, 공권력이 적극 개입해서 안전을 보장해야 할 대상이다.

또한 스토킹이나 데이트폭력은 친밀성의 속성상 신뢰가 배신으로 또한 애정이 증오로 급격하게 전환될 수 있다는 측면에서 매우 위험한 범죄이다. 따라서 표면적으로 드러나는 친밀성에 기반한 관계만을 볼 것이 아니라, 강력범죄로 바뀔 가능성이 높다는 위험 요소를 반드시 고려해서 적극적으로 대응해야 한다. 또한 친밀성에 기반한 범죄의 복잡한 속성상 범죄 심리 전문가의 조언에 기반해서 피해자 및 가해자에 대한 명확한 지침을 제공하는 매뉴얼과 프로토콜을 정비하고 이에 따라 대응하도록 할 필요가 있다.

4
중대 재난에 대한
신속한 대응

현황과 쟁점

현대 사회는 위험사회의 특징을 지닌다. 과거의 위험이 자연적이거나 확률적이었다면, 현재의 위험은 체계적이며 빈도는 줄었지만, 발생 시 규모가 급격히 커지는 특징을 갖는다. 이는 위험 관리 기술의 발달로 빈도는 감소하지만, 일단 발생하면 대형 재난으로 이어지는 구조 때문이다. 이러한 현대 사회의 위험과 재난의 특징을 보여주는 것이 최근 한국 사회가 겪은 세월호 사건, 이태원 참사, 항공기 착륙 사고 등이다. 그런데 한국의 재난과 재해는 이러한 선진국형의 대규모 재난과 동시에, 성수대교와 삼풍백화점 붕괴 같은 후진국형 부실 재난의 특성도 함께 보인다. 따라서 한국은 이들 두 형태의 위험이 결합된 복합적 위험에 대비해야 할 상황이다.

산업재해 역시 전반적으로 발생 빈도나 피해자 수는 줄고 있지만 '산업재해의 외주화'라고 부르는 기업 규모별 격차의 심화가 심각한 문제가 되고 있다. 대기업은 위험한 업무를 외주화하고, 하청업체는 비용 절감에 따른 안전 소홀로 사고 위험이 집중되고 있다. 이러한 현상 때문에 중대재해법이 제정되었지만 여전히 큰 효과를 얻지 못하는 것이 현실이다. 따라서 산업재해에 대한 보다 적극적 대응이 필요한 상황이다.

재난의 예방과 적극적 사후대처 모두 필요하다

재난은 최선을 다해 예방이 이루어져야 한다. 조기경보 체계는 물론 안전 수칙에 대해서도 꼼꼼한 점검이 지속되어야 한다. 재난과 재해에 취약한 조건에 있는 작업장, 교통시설, 공사장 등에서 특히 이러한 점들이 숙지되어야 한다. 경기의 악화와 함께 재난, 재해의 위험이 증가한다는 점을 감안하여, 재난, 재해 취약 장소나 상황에 대한 안전 의무를 강화하고 감독책임을 철저히 부과하는 것이 필요하다. 재난이나 재해 발생시 모든 경우에 안전점검 책임과 감독책임을 모두 묻도록 해야 한다.

재난 발생시 최우선은 피해자와 가족들이다

재난이나 재해 발생 시 많은 정치인들이 책임을 피하려 하거나 인증을 하기 위해 현장을 찾으면서 오히려 방재와 구조 활동에 방해가 되는 경우가 많다. 또한 무책임한 언행은 피해자와 유가족에게 추가적인 고통을 유발하기도 한다. 재난 피해자와 가족에게는 전담 공무원을 배정하고 신체적 치료, 재산상 피해 보전, 유가족 지원 등에 만전을 기하도록 할 필요가 있다. 그간 재난과 재해에 대처하는 기구로는 소방방재청(2004), 국민안전처(2014) 등이 있었지만 제 역할을 하지 못한 채 현재는 소방청(2017-)으로 바뀌었다. 보다 적극적이고 통합적 대응이 가능하며 피해자와 가족 대응도 할 수 있는 조직이 필요하다.

대응 방향

1. 재난의 계층성을 고려한 대응과 대책

위험 연구자들이 지적하는 '위험의 계층화' 즉 어려운 처지의 사람들에게 위험과 재난이 집중되는 것은 재난에 대한 적극적 대응이 더욱 필요하다는 것을 강조한다. 재난에 적극 대응해서 국민의 안전을 지키려면 우선 산업재해의 경우 산재의 외주화를 방지하기 위해 원청업체와 하청업체의 관계를 고려한 근본적인 산업재해 대책을 강화할 필요가 있다. 재난 취약시설들에 대한 보다 집중된 안전점검과 예방조치, 그리고 취약계층에 대한 긴급 구제 등을 재난 대응 절차에 포함시켜야 한다.

2. 대형 사고 재난시 현장 지휘체계의 신속한 가동

대형 사고나 재난이 발생할 시에 현장 중심의 지휘체계를 신속히 가동해야 한다. 현재처럼 기관장이 최고 책임을 맡도록 하면 보고 및 명령 체계가 길어져 즉각적인 대응이 어렵고, 현장에 대한 면밀하고 구체적인 이해와 지식이 부족해 최선의 대응을 하기 어렵다. 현장을 가장 잘 아는 책임자가 지휘를 총괄하되, 기관장은 현장 책임자의 요청에 따라 중앙의 지원을 확보하고. 타 기관과의 협조 및 조율을 담당하는 방식으로 제도를 개선해야 한다. 따라서 현장을 방문하는 정치인이나 정부 고위관료도 현장 책임자의 지휘를 받고 현장 인력의 구조 및 방재 활동에 방해가 되지 않도록 해야 한다.

3. 재난 피해자 및 가족의 지원과 보호 강화

피해자 구조와 구제, 그리고 가족의 불안과 고통의 최소화를 최우선에 둔 대응체계를 강화할 필요가 있다. 또한 재난 피해자 및 유가족에 대한 지원과 보호를 강화해야 한다. 이들은 피해 사실 자체만으로도 충분히 고통스러운데, 사회의 과도한 관심과 무책임한 보도, 조롱 등으로 인해 추가적인 피해를 입는 경우가 많다. 따라서 이들에 대한 최우선의 보호가 필요하다. 방재와 구조에 방해가 되는 외부인에 대해서는 단호하게 대응하고 처벌할 수 있는 제도적 장치를 마련해야 하며, 재난과 재해를 소재로 무분별한 주장이나 피해자와 가족을 조롱, 모욕하는 경우에는 즉각 구속과 엄벌이 가능하도록 법적 장치를 마련해야 한다.

5

첨단 군사력 건설을 통한
북한의 군사적 위협 억제

현황과 쟁점

북한의 군사적 위협 증대

북한은 핵무기를 다수 보유하고 있는 것으로 추정되며, 100만 명이 넘는 대규모 군대로 대한민국을 위협하고 있다. 북한은 언제라도 대한민국을 침공할 수 있는 군사적 태세를 구축하고 있다. 육·해·공군을 비롯하여 특수작전군, 그리고 핵전력을 운용 중이며, 한국군의 유생역량을 궤멸시키겠다는 군사전략을 유지하고 있다. 이를 위해 유사시 비대칭 전력을 중심으로 기습공격, 핵무기 사용 위협을 통한 전략적 압박, 전면전과 게릴라전을 혼합하는 배합전, 그리고 전평시를 구분하지 않고 한국 사회를 혼란시키는 인지전 등을 구비하고 있다.

또한 북한은 러시아와의 동맹조약 체결 및 우크라이나 전쟁 파병을 통해 첨단 군사기술 획득과 전투 경험을 축적하고 있다. 이를 통해 뒤처진 첨단 군사 역량을 강화하고 있다. 비록 우리 군의 군사력은 재래식 전력 차원에서 북한에 우위를 보이고 있지만, 북한의 핵 능력을 고려할 때 여전히 부족한 상황이다.

독자적 억제력 구축 필요성

대한민국은 한미동맹 차원의 확장억제를 통해 북한의 핵 위협을 안정적으로 억제하고 있다. 그러나 트럼프 2기 행정부 출범 이후 국제정세가 급변하며 한반도에도 영향을 미치고 있다. 이러한 정세 변화에 흔들리지 않고 한반도의 평화와 안정을 유지하기 위해서는 독자적 군사 역량 강화가 필요하다. 이를 위해서는 한국이 비교우위에 있는 첨단 전력을 극대화하며 고유의 핵 억제 전력을 구축해야 한다. 나아가 변화하는 북한의 위협 양상에 대응할 수 있는 맞춤형 전략을 구상해야 하며, 이를 위한 모든 수단을 강구하고 미국과 협력해야 한다. 우리의 경제력이 북한보다 우위에 있다는 사실만으로 군사적 위협을 직시하지 못한다면 향후 커다란 곤경에 처할 수 있음을 유의해야 한다.

대응 방향

1. 무인기 및 사이버 대응 역량 강화

군은 무인기 대응 역량 강화에 우선적으로 투자해야 한다. 우크라이나 전쟁에서 볼 수 있듯이, 전쟁 양상은 드론 전쟁으로 변화하고 있다. 북한 역시 무인기 개발을 적극 추진하고 있고, 우크라이나 전쟁을 통해 드론 전쟁을 경험하고 있다. 우리 군이 무인기와 같이 기초적인 무기체계에서 대북 우위를 확보하지 못한다면, 감시정찰이나 정밀타격 등에서 우위를 점하고 있다 해도 충분한 억제력을 갖추었다고 말할 수 없다. 따라서 북한에 한발 앞서 무인기 및 대(對)드론 체계를 구축하고 기술적 우위를 유지해야 한다. 현재 우리 군은 드론 사령부를 설립한 이후 무인기와 관련한 다양한 정책을 추진하고 있지만, 핵심 드론의 획득이 지연되고 있다. 동시에 군이 요구하는 다양한 드론을 제공할 수 있는 국내 방위산업도 부족하다. 따라서 무인기 문제를 국방혁신의 최우선 과제로 선정하고 관련 기술을 확보하는 데 투자해야 한다.

한편, 북한의 각종 해킹 시도나 가짜뉴스 등을 통한 인지전을 억제하기 위해 우리 군의 사이버 역량을 강화해야 한다. 북한 공격에 대한 방호는 물론이고 북한을 무력화시킬 수 있는 공세적 역량 구축도 필요하다. 또한 사이버 작전의 특수성을 고려할 때 우수인력 확보에 더욱 힘을 기울여야 한다. 그러나 우리 군은 우수한 사이버 인력을 확보하고서도 인사관리의 문제로 인해 이들을 효율적으로 활용하지 못하고 있다. 점차 개선 중에 있지만 보다 과감한 인사제도를 수립하여 사이버 전문인력이 사이버 임무에 집중할 수 있는 여건을 마련해야 한다. 전문인력이라 해도 군 인사관리 차원에서 획일적으로 야전에 배치하는 관행을 탈피해야 우수한 인력을 키울 수 있다.

2. 첨단 무기체계 확보를 위한 획득 시스템의 개선

우리 군은 국방혁신 4.0을 수립하며 다양한 첨단 무기체계를 개발하고 구매하고 있다. 이를 바탕으로 군사정찰위성을 확보하며 감시정찰 능력을 강화하고 있고, AI를 군사 영역에 적용하기 위해 데이터 센터와 AI 센터를 구축하고 있다. 그러나 무기체계 획득 시스템은 여전히 과학기술의 발전 속도를 따라가지 못하고 있다.

과거 14년이 소요되던 무기체계 획득 기간을 7년으로 줄이는 노력이 이루어졌지만, 아직 법제화가 완료되지 못한 상황이다. 국내 정치적 갈등이 혁신이 필요한 우리 국방에 장애 요인으로 작용하고 있다. 현대 과학기술의 발전을 고려할 때 7년도 긴 시간이다. 따라서 획득 기간 단축 법제화를 서둘러야 한다. 또한 과학기술의 발전을 고려하여 첨단 무기체계의 경우 3년 내외에 획득이 가능한 제도를 구축하려는 노력 역시 조기에 실현되어야 한다.

획득 체계의 개선을 위해서는 과감한 혁신을 통해 불필요한 절차를 줄여나가야 한다. 성능이 검증된 무기체계를 획득하기 위해 다양한 검증 및 분석 절차를 두고 있지만, 중복되는 검증 및 분석 절차는 통합해야 한다. 또한 이미 전장에서 성능이 확인된 무기체계의 경우 획득 절차를 더욱 줄일 수 있어야 한다. 방산 비리의 우려로 인해 여러 안전장치를 두고 있으나, 획득 과정을 과감히 공개함으로써 비리의 소지를 줄여나가는 대신 정책결정자의 재량권을 인정하며 절차를 줄일 수 있는 접근이 필요하다.

첨단무기 개발을 위한 민관협력의 중요성도 간과해서는 안 된다. 우리의 무기체계 개발에는 막대한 비용이 소요된다. 이러한 이유에서 국방과학기술연구소ADD가 중심이 되어 신규 체계를 개발하고, 필요 시 민관협력을 진행하고 있다. 하지만 민간의 과학기술을 전문적으로 군의 기술에 반영하기 위해서는 각 군 또는 방위사업청에서 추진 중인 다양한 사업들을 체계적으로 관리하고 신규 사업을 발굴하는 역량을 키워야 한다. 이러한 업무를 수행할 수 있는 국방부의 획득 2차관 제도가 필요하며 이를 중심으로 국방획득 체계의 개혁을 지속해야 한다.

3. 한국형 전략무기의 확보

북한은 핵무기로 대한민국을 위협하고 있는데, 우리는 국제 비확산체제를 준수하며 그 개발을 삼가고 있다. 그 결과 우리는 핵무기에 버금가는 무기체계를 구축하지 못하고 있다. 다만, 현대 과학기술의 발전에 따른 다양한 무기체계가 개발되고 있고, 그 전략적 위상은 핵무기에 버금갈 수 있는 잠재력을 갖고 있다. 중장기적으로는 AI, 양자컴퓨팅, 극초음속기술 등의 기술을 접목한 신형 무기체계 개념을 구상해야 한다. 또한 현재 가시화되고 있는 레이저, EMP, 초대형탄두미사일 등에 투자를 확대해야 한다. 이러한 무기체계는 군 수뇌부의 지속적인 관심 없이는 개발이 제한된다. 따라서 군사과학 기술 발전에 대한 전문적 지식을 갖고 전략무기에 대해 고민하며 군을 혁신할 수 있는 인사를 고위직에 임명하는 인사상의 배려가 필요하다.

한편, 한미동맹의 발전 과정에서 전술핵무기를 통한 핵 공유 방안이나, 독자적 핵무장도 그 가능성을 열어두고 협상에 임해야 한다. 북핵 억제를 위한 한미 간 확장억제 협력은 잘 진행되고 있지만, 급변하는 안보 환경 속에서 안정적인 핵 억제 역량을 갖추기 위해서는 끊임없는 노력이 필요하다. 다만 이러한 노력은 한미동맹이라는 우리의 핵심 안보 자산을 발전시키고 대한민국의 안보 우려를 해소하기 위한 끊임없는 대미 설득 속에서 추진되어야 한다. 자칫 한미동맹을 훼손하는 방식으로 추진되어서는 안된다. 같은 이유에서 아무리 신뢰할 수 있는 파트너라 해도 미측의 선언적 약속에만 너무 의존해서도 안되며, 위협 양상 변화를 상쇄할 수 있는 독자적 억제력 확보를 끊임없이 추구해야 한다. 이러한 노력을 통해 미국의 대외정책이나 북한의 대남전략 변화에 흔들리지 않는 힘을 구비해야 한다.

6
인구감소 시대 적정병력 기획을 통한 안정적 국방 유지

현황과 쟁점

인구절벽 시대의 병력 부족

인구절벽 현상으로 인해 향후 입대자의 수가 감소하여 현 50만 명의 병력을 유지하기 어려운 상황이다. 2034년이 되면 20세 성인 남성의 수가 22만 7천 명으로 전원이 18개월 군 복무를 한다 해도 50만이 되지 못한다. 직업군인의 비율을 고려한다 해도 2040년이 되면 40만 병력도 유지하기 어려운 상황이다.

20세 남성인구 추계 단위: 만 명 *연말 기준

33.2
25.6
22.5
25.4
23.0
25.1
22.7
13.5

1차
인구절벽

상비병력 50만 명 제한적 유지 가능

2차 인구절벽
('35년 초~'40년 말)

'19년   '21년   '24년   '26년   '28년   '31년   '34년   '40년

무기체계 획득에 장기간이 소요되는 것과 같이 병력 운용은 군 구조, 사단의 수, 그리고 예하 부대의 규모에 영향을 미친다. 국방정책이 15년을 기준으로 항상 장기 정책을 수립하는 이유다. 2045년에 40만 병력 유지가 불가능한 상황이라면 2025년부터 장기 계획에 반영해야 하기에, 현시점부터 향후 어느 수준의 병력을 유지해야 할 것인지 고민해야 한다.

미래 전장 환경에 부합하는 군구조의 혁신 필요성

병력의 규모는 단순히 총인원의 문제가 아니다. 병력의 변화와 함께 무기체계 및 지휘통제 체계의 발전을 함께 고민해야 한다. 특히 병력이 감소하는 상황에 대비하여 지휘구조를 혁신해야 할 필요성이 크다. 실제로 2000년대 초반 이후 국방개혁이 추진되며 군구조 개혁에 대한 논의는 끊임없이 제기되어 왔다. 다만 군구조 문제는 육·해·공 3군 간의 합의가 필요한 사안이므로 특정 대안이 반드시 옳다는 접근은 피해야 한다. 다만 군구조 논의를 금기시하며 절대 논의해서는 안 된다는 자세는 이제 버려야 한다. 오히려 공개적인 논의 속에서 최적의 대안을 찾아야 할 시기다.

대응 방향

1. 2040년 30만 병력을 목표로 점진적인 감군

50만 병력은 2040년이 되면 물리적으로 불가능하다. 장교 및 부사관의 수를 20만 명 이상으로 늘리면 상황은 달라지겠지만, 이 경우 부대의 효율성, 늘어나는 인건비 지출 등으로 최적화된 군 운용이 제한될 것이다. 따라서 적정 규모의 병력을 산출하고 단계적으로 병력을 감축해야 한다.

중요한 것은 무기체계의 발전 속도다. 현재 AI를 포함한 첨단

기술의 적용으로 무인화 및 자동화 시스템의 발전이 이루어지고 있다. 위성을 비롯한 첨단 통신체계의 발달로 지휘통제 시스템도 눈부신 진전을 이루고 있다. 이러한 내용은 이미 국방부에서 추진 중인 국방혁신 4.0에도 반영되어 추진되고 있다. 다만 현 계획에는 병력 감축 문제를 반영하지 못했고, 이제 더 이상 늦출 수 없는 시기가 되었다. 따라서 체계적인 설계를 통해 예상되는 병력의 감축 분 만큼 무인화·자동화 시스템을 먼저 구축한 뒤, 단계적으로 병력을 줄여가는 방식으로 접근해야 한다.

구체적으로는 2040년까지 20만 명을 감축해 나가는 방식이 가장 안정적일 것이다. 이 경우 우리 군의 규모는 30만으로 설정해야 한다. 물론 급격한 병력 감축은 군 인사 및 작전체계의 혼선을 야기할 수 있다. 따라서 단기간 내 급격한 감축보다는 무인화·자동화 체계의 도입과 함께 2030년부터 단계적으로 시작하는 것이 필요하다. 동시에 현재 육군에서 운용 중인 '아미타이거'와 같은 방식으로 평가 및 분석을 반영하며 추진해야 한다. 그래야 병력 감축에도 전력을 증강시킬 수 있다.

마지막으로 각 군의 병력 규모를 획일적으로 같은 비율로 줄이기보다는 한반도 작전 환경 변화를 반영하며 병력 감축안을 만들어야 한다. 향후 수년간 치열한 논의가 필요하며, 그 내용을 군구조 논의에 반영해야 한다. 이후 2030년부터 감축안을 적용함으로써 군 감축에 따른 시행착오를 최소화해야 한다.

2. 미래전 및 병력 축소에 대비한 군구조 및 통합군 검토

이미 우크라이나 전쟁에서 목격하고 있지만, 미래전에서는 드론이 전투를 수행하고, 병력은 전후방에서 이를 조종하는 역할을 담당하는 경우가 증가할 것이다. 이러한 전쟁 양상을 고려한다면 과거 '사령부-군단-사단-여단-대대-중대-소대'로 이어지는 다층적인 부대 구조는 물론이고, 육·해·공군 및 해병대의 역할 및 임무도 재정의 되어야 한다. 더욱이 군 규모를 30만으로 줄이는 것을 고려한다면 육·해·공 3군 본부를 두고 군정 기능에 많은 장교를 배치하는 현 시스템은 개선되어야 한다.

각 군의 반대는 예상되지만 이제 과감하게 통합군으로 지휘 체계를 단순화하며 전쟁 수행 기능에 중점을 두어야 한다. 동시에 군정 기능은 국방부의 장·차관의 역할 분담처럼, 통합사령부 사령관이 군령 기능을 맡고 부사령관이 군정 기능을 지원하게 하면 된다. 30만 병력으로 100만의 전투력을 발휘하는 개념으로 군 구조를 재편하고, 통합사령부를 구축해야 할 시점이다.

3. 은퇴 인력으로 구성된 군사단체 활용

미국 등 군사 선진국에서는 PMC라 불리는 민간군사기업을 군에서 적극 활용하고 있다. 이들이 지닌 특수성과 전문성을 반영하여 지원 업무를 맡기고 군은 전투업무에 효율을 극대화하는 것이다. 우리 군 역시 이러한 제도를 과감히 받아들여야 할 시기가 도래했다. 병력 규모나 인건비 구성 등을 고려할 때 정규 전력은 전투 임무에 종사하게 하되 비전투적인 지원 임무는 민간을 활용할 필요가 있다.

다만 군의 특성상 미국과 같은 방식의 PMC는 바람직하지 못하다. 과도한 비용을 부담하기 어려운 예산상의 제약을 고려할 때 기업 차원의 이익이 우선 고려 될 방식은 바람직하지 못하다. 그 대신 군 전역자들의 전문성을 활용하는 방안이 고민될 필요가 있다. 전역 후 재취업 문제 등을 고려한 배려, 그리고 군의 경험을 다시 활용함으로써 전문성을 강화하기 위한 제도를 함께 구상할 필요가 있다.

이러한 이유에서 군 복무 경험이 있는 45세부터 65세 사이의 인력으로 구성된 민간 군사단체를 제도화할 필요가 있다. 이윤을 추구하는 기업적 성격보다는 공공에 봉사하는 공공기관이나 공공단체적 성격으로 제도를 발전시킴으로써 군의 필요와 지원자들의 요구를 조정해야 한다. 이렇게 모집한 인력을 통해 부대 경계와 보급, 그리고 급식을 포함한 기타 전투 지원 업무를 수행함으로써 우리 군은 더욱 효율화될 수 있고, 국가 예산도 절감할 수 있다.

7
군 문화 및 민군관계 재정립을 통한 '국민이 공감하는 제2창군'

현황과 쟁점

군의 정치적 중립에 대한 불신

12·3 계엄 이후 군내 사기 저하와 군에 대한 부정적 인식이 확산하고 있다. 동시에 군의 정치적 중립에 관한 국민적 불안감이 다시 등장했다. 동시에 이 과정에서 노출된 고위 장성들의 행보에도 많은 실망이 뒤따랐다. 군인답지 않은 당당하지 못한 처사는 많은 실망을 가져왔고 군의 사기를 저하시켰다. 이러한 문제들을 해결하기 위해서는 국민의 눈높이에 부합하는 군과 군인의 임무와 역할, 권한과 책임, 그리고 군 정체성에 적합한 조직 문화

를 만들어야 한다. 이를 통해 군 내 민주주의와 책임 문제 등을 다시금 고찰해야 한다.

변화하는 환경에 부합하는 군 문화 개선 필요성

변화하는 시대 문화를 반영한 군 문화 개선 필요성도 제기되고 있다. 대한민국을 수호해야 할 국군의 위상 저하는 국가 안보에 심각한 우려를 야기할 수 있다. 이를 위해서는 책임을 다하되 안정적 복무 여건을 위한 인사제도가 보장되어야 한다. 군인이 불안하면 안정적인 군 운영이 불가능하기 때문이다. 하지만 현재 우리 군은 지휘권 보장이나 소송 문제로 인해 심한 몸살을 앓고 있다. 따라서 지휘관의 책임 문제, 사고 발생 시 적절한 처리 과정, 그리고 진급 등 인사 문제 등에 대한 면밀한 고찰이 필요하다. 동시에 군내 교육 체계에 헌법 교육 등 민주주의적 소양을 기르는 과목이 부족하다는 점이 지적되고 있다. '제2의 창군'을 위해 우리 군의 체질을 근본적으로 점검하고 국민적 지지를 회복할 수 있는 다양한 방안이 마련되어야 한다.

대응 방향

1. 안정적 복무 여건 조성 및 진급 지향 문화 개선

지난해 2025년 예산안 통과 과정에서 초급 간부들의 처우개선을 위한 노력이 국방예산에 충분히 반영되지 못했고, 이는 군의 사기에 영향을 미치고 있다. 민간과의 차이를 좁히지 못한다면 초급 간부 확보가 어려울 가능성이 크며 군의 사기에도 영향을 미친다. 따라서 초급 간부 처우개선에 지속적인 노력이 필요하다.

한편, 장교들이 오로지 진급에만 집착하는 풍토가 여전하며, 이를 개선해야 경직된 군 문화를 바꿀 수 있다. 국가를 위해 봉사하는 훌륭한 장교들이 많이 근무하고 있지만, 보직, 평정, 교육기관 성적관리 등 인사관리에만 몰입하는 일부 장교들이 존재하고 있다. 이러한 진급 제일주의 문화가 확산될 경우, 부대를 실질적으로 관리하고 전력을 강화하는 일에는 소홀해질 우려가 제기된다.

진급은 책임과 희생을 요구받는 사명감으로 인식하게 하고, 명예와 보상은 줄여야 한다. 이를 위해서는 진급이 수반하는 명예와 권력, 그리고 경제력과 정년 연장 이 네 가지 요소 중에서 경제력과 정년 연장 두 가지에 있어 그 차이를 상대적으로 줄여야 한다. 즉, 고위직이라 할 수 있는 장성급 봉급은 영관급과 차이를 줄이고, 계급 정년을 늘리거나 재취업 기회를 부여하는 노력이 필요하다. 특히 중령 이하의 경우 55세에 전역을 하게 되어 있는데, 군무원으로 정책 부서에 근무하게 될 경우 60세 정년을 보장받을 수 있다. 임금 피크제를 통해서라도 이러한 제도를 구비함으로써 진급에 모든 것을 거는 군 문화를 개선해야 한다. 동시에 군 복무를 명예롭게 잘 수행한 영관급 이하 장교의 경우, 전역 직전 상징적으로 1계급 특진을 제공함으로써 명예를 고양하는 제도도 적극 검토할 필요가 있다.

2. 지휘관 책임 및 지휘권 보장 강화

우리 군은 현재 다양한 사유로 지휘관의 임무 수행에 어려움이 발생하고 있다. 현재 투서 및 고소 고발 사건의 경우 간부 개개인이 대응함으로써 임무에서 소외되고 비용도 발생하고 있다. 병사들이 간부들을 고발하는 사례는 늘고 있는데 처벌 사유가 있는 경우 당연히 응당한 징계처분을 받아야 하지만, 그렇지 않은 경우에도 경력에 오점이 발생하며 군 복무를 제대로 하지 못하는 상황도 발생한다. 또한 1회의 가벼운 처벌을 받더라도 군 생활 전체에 영향을 받는 사례가 늘고 있다. 진급 시기를 놓치거나 할 경우 이를 회복할 기회를 다시 잡기 어렵기 때문이다. 그 결과 인사상 불이익 상황을 회피하기 위해 문제 해결 과정에서 극단적인 개인주의가 나타나고 있다. 이러한 문제를 해결해야 군의 기강이 바로 서고 조직 문화가 제대로 구축될 수 있다.

먼저 지휘체계 행사에 대해서는 군 차원의 법률 지원을 강화해야 한다. 지휘관의 정당한 지휘 조치에 대한 문제 제기에 대해서는 그 조치에 따른 법적 대응을 군에서 지원해야 한다. 다음으로 1회의 실수로 군 경력을 마감하지 않도록 하는 제도를 마련해야 한다. 특정 지휘관이 공적에 따른 포상이나 훈장이 있을 경우, 사고의 경중을 비교하며 경력에서 공적이 과실을 상계할 수 있는 제도적 보장책을 마련해야 한다. 끝으로 군 인권 문제에 대한 경각심을 키우기 위한 교육 및 상담 지원을 강화해야 한다. 이를 통해 지휘관의 지휘권을 보장하면서도 자칫 조직 이기주의에 빠지지 않도록 해야 한다.

3. 군 인사 관련 대통령실의 관여 최소화 및 능력 위주의 인사 관행 정착

특정 정부의 눈치를 보지 않고 전문성에 기초하여 '아니오'라고 말할 수 있는 장교를 양성하기 위해서는 인사제도가 바로 서야 한다. 군 인사에 전문성을 강화하기 위해 대통령실에서 과도한 인사권을 행사하지 못하도록 영관급 인사는 각 군에서, 장성급 인사는 국방부가 책임을 지고 할 수 있도록 제도적 기반을 조성해야 한다. 물론 4성이나 3성 장군의 경우 군 통수권자의 권한을 보장해야 할 것이나, 그 이하의 경우는 통수권자가 임명한 국방부장관의 책임하에 진행해야 한다.

동시에 국방부나 각 군 본부를 바라보며 근무하지 않고, 현장에서 직속상관에 대해 충성하며 근무하는 관행을 만들어야 한다. 이를 위해 현장 지휘관의 인사권한을 대폭 늘려야 하며, 과감한 인사권 위임이 필요하다. 동시에 특정 지휘관의 평가에 부하 장교의 인사 평정이 좌우되지 않도록 다면평가를 제도화해야 한다. 이러한 노력이 상향식으로 이루어질 때 정치에 흔들리지 않는 군대를 만들 수 있다.

한편, 군의 특성상 기계적인 형평을 배제하고 전문성과 능력에 따라 인사를 하는 관행을 만들어야 한다. 동시에 사관학교와 비사관학교의 벽을 무너뜨리고 실력으로 평가하는 인사 관행을 만들어야 한다. 균형 인사라는 이유로 남·여 성간 대립 구조를 만들거나 출신별·지역별 갈등을 조장하는 일도 없어야 한다. 오로지 업무성과와 상관 및 부하의 다면 평가가 반영되는 인사 관행을 정착시켜야 한다. 이를 위해 정책 수립 시 실명제를 도입하여 공과를 분명히 하고, 해당 보직 만료후에도 직책 수행 결과를 엄정히 평가하는 관행을 정착시켜야 한다. 진급해서 보직을 이동하면 그만이라는 인식을 철저히 무너뜨려야 책임 보직이 가능하다.

4. 군 교육 체계의 개선

군과 군인에 대한 정체성과 가치관, 조직 문화 등에 대한 올바른 교육이 필요하다. 현재 영관장교 교육기관인 육군대학에서는 전술 교육에 중점을 두고 있는데, 전술 외에도 지휘관 임무에 부합하는 소양을 키울 수 있는 교육과정 보완이 필요하다. 이를 위해서는 각급 군사학교에서 헌법 및 민주주의 소양 교육을 강화하고, 직업군인으로서의 정체성에 대한 올바른 인식을 정립해야 한다. 헌법과 법률의 가치와 내용에 대한 올바른 진단과 인식을 할 수 있도록 관련 교육과 토론을 강화함으로써 자신의 직무에 부여된 역할을 올바로 이행할 수 있도록 도와야 한다.

법과 규정에 기반한 조직 문화를 장교들이 이끌 수 있도록 상관의 명령권, 권한과 책임의 범위와 한계 등에 대한 집중 교육이 필요하다. 이를 통해 지휘관으로서 작전 수행 외에도 부대를 잘 통솔할 수 있는 역량을 키워야 한다. 이러한 기반이 뒷받침된 이후에 국방정책 및 군사전략 등이 이루어질 때 전체적인 장교들의 역량 강화를 이끌 수 있다. 사관학교, 각 군 대학, 합동참모대학,

그리고 국방대학교의 교육 체계에 대한 전반적인 점검과 조정이 필요하다.

8
국제사회와 함께하는
한반도 평화체제 구축 및 통일 지향

현황과 쟁점

남북 관계 경색의 심화

북한 김정은의 두 개 국가론 전개 이후 북한은 휴전선 인근에 철조망을 새롭게 세우고 금강산 면회소를 철거하는 등 남북 관계에 선 긋기를 진행하고 있다. 그 결과 한반도 정세는 더욱 경색되고 있으며 국내적으로는 통일에 대한 회의론이 확산하고 있다. 또한 우크라이나 전쟁 여파로 북러 동맹조약이 맺어지고 대북 제재 이행이 이완되고 있어, 북한에 있어 대한민국과의 협력 필요성이 점차 줄어들고 있다.

과거에는 대남 선전 차원에서라도 우리민족끼리를 강조했던 북한이 홀로서기를 시도하는 배경에는 취약해진 김정은 체제가 존재하고 있다. 정권 유지의 불안감이 남북 간의 접촉을 피하게 만들고 있는 것으로 보인다. 하지만 한반도의 평화 정착을 위해서는 현 상황을 지켜보고만 있을 수는 없다. 대화 재개의 계기를 만들고 긴장을 실질적으로 완화할 새로운 전략이 필요하다.

남북 대화 재개 필요성

남북 관계는 한반도 평화의 출발점이다. 따라서 '긴장을 완화하기 위한 대화 재개는 가능할 것인가,' '가능하다면 언제 어떠한 방식으로 북한과 대화 재개를 시도할 것인가'를 준비해야 한다. 과거 남북 직접 대화가 시도된 바 있고, 주변국과의 다자 대화 계기에 남북이 대화를 가진 경험도 존재한다. 또한 스웨덴이나 스위스 같은 제3 국가들의 도움을 받아 남북이 접촉한 전례도 있다. 따라서 남북 대화의 필요성을 인식한다면 대화 재가동을 위한 다양한 방안을 고민해야 한다.

동시에 남북 대화가 개별적인 교류 협력 방안만을 다룰 것인가, 아니면 나아가 한반도 평화 체제 구축과 같은 근본적인 문제까지 포함할 것인가를 고민해야 한다. 과거 한반도 평화 체제 논의에는 북한이 주장하는 주한미군 철수 문제가 장애물로 등장하곤 했는데, 향후 이러한 문제들을 어떻게 다룸으로써 지속 가능한 평화를 정착시킬 것인가 하는 고민도 필요하다. 끝으로 현재와 같은 남북 관계 경색 상황에서 통일 논의는 필요한 것인지, 아니면 현실을 수용하며 긴장 완화에만 중점을 둘 것인지도 고민이 필요하다.

대응 방향

1. 한반도 문제의 국제화를 통한 변화 동력의 확보

지금까지 정부 부처, 특히 통일부는 남북 관계를 남과 북의 양자 문제로 국한해서 접근했다. 그 결과 주변국과의 대화는 북한 핵 문제나 평화 체제 논의가 주를 이루었고, 남북 관계 개선의 문제는 당사자 간의 직접 대화가 아니면 별다른 진전을 보지 못했다. 그리고 그 내용 역시 이산가족 상봉, 금강산 관광, 개성공단과 같은 인도적 사안이나 경제협력 문제가 주를 이루었다. 군사적 긴장 완화를 위한 대화도 종종 이루어졌지만, '9·19 공동성명 군사분야 부속합의서'에서 보는 것처럼 북한에게 상대적으로 유리한 내용이 담겨야 합의를 볼 수 있었다.

북한이 현재 남북 대화를 중단한 상황에서 일방적으로 대화를 제의해도 성과로 이어질 가능성은 작아 보인다. 특히 김정은 위원장이 노동당 중앙위원회 전원회의에서 남북한을 민족 관계가 아닌 '적대적인 두 국가, 교전국 관계'라고 규정했기에 북한은 우리를 당분간 외면하려 들 것이다. 이러한 상황에서 대화의 기회를 남북 간 양자관계에서 찾는다면 별다른 기회를 만들기 어려울 것이다. 미북 관계나 주변국 관계에서 기회 요인을 찾아야 하며, 이를 통해 대화의 동력을 확보해야 한다.

무엇보다도 트럼프 2기 행정부의 행보를 면밀히 고찰하고, 한미 간 선제적인 정책 공조를 통해 북한을 대화의 장으로 이끄는 노력이 필요하다. 물론 현재와 같은 상황이라면 북한은 대화에 복귀하는 데 높은 가격을 부를 것이다. 따라서 우크라이나 전쟁 종전과 북러 관계 이완이라는 국제협력을 함께 추진해야 한다. 이러한 환경 조성 이후 북한을 대화로 견인할 때 그 성공 가능성이 커질 것이다. 한반도 문제의 국제화를 통해 남북 대화의 동력을 찾는 것이다.

따라서 트럼프 행정부가 북한과 대화를 시도한다 해도 이를 반대할 이유는 없다. 우리의 안보 우려 해소를 위한 미국의 추가적인 보장을 확보하는 데 중점을 두고 대화의 기회는 기회대로 살려가야 한다. 미북 간에 합의가 이루어질 경우, 그 이행을 위한 경제적 비용 부담은 우리가 부담해도 좋다. 그 대신 미북 대화의 후속 조치로 남북 대화를 만들면 되는 것이다. 과거에는 '코리아 패싱'을 두려워하며 미북 대화에 앞서 남북 대화가 선행되어야 한다는 것이 기본 입장이었지만, 이제는 실용적으로 접근할 필요가 있다. 순서가 중요한 것이 아니라 대화의 재개와 실질적인 내용이 중요하다. 만일 북한이 '통미봉남'을 이행하려 한다면 '통미통남'으로 받아야지, '통미' 자체를 막는 방식으로 대응해서는 안 된다.

북한 문제 해결을 위해 주변국 관계에도 더욱 힘을 기울여야 한다. 북중 관계나 북러 관계의 경우 미북 관계나 남북 관계와 때론 경쟁 관계를 지닌다는 점을 이해하고, 이를 상호보완 관계로 변화시키는 노력이 필요하다. 즉, 남북 대화의 여건을 조성하기 위해 중국이나 러시아 모두 북한이 대한민국과 대화를 갖는 것이 필요하다는 여론을 만들어야 한다. 이를 위해 정부나 민간 차원의 노력이 필요하며, 외교와 남북 관계를 분리해서 접근하면 안 된다. 대화라는 외교적 수단을 대한민국이 선점할 때 주변국 협력을 확보하기 쉽다는 점을 이해해야 한다. 주변국과 북한을 포함한 소다자 협력을 구상하는 것도 좋은 협상카드가 될 수 있다는 점에서, 미국, 중국, 러시아, 나아가 일본을 포함하는 다양한 대화체를 구상하고 북한을 동 대화체로 끌어들인다는 접근이 필요하다.

2. 상호 적대시 정책 폐기를 통한 신뢰 회복 기반 조성

남북 대화가 재개되면 그 첫 출발점으로 대화의 지속가능성을 확보해야 한다. 이를 위해서는 경제나 안보 문제와 관련된 현안의 해결도 중요하지만 이와 함께 그간 남북이 서로에게 요구해 왔던 다양한 사안들을 정리하는 기회를 마련할 필요가 있다. 무엇보다 북한이 항상 주장해 왔던 '대북 적대시 정책 철폐'를 위한 논의를 시작해야 한다. 우리 역시 북한에 대해 '대남 적대시 정책 철폐'를 요구할 수 있기 때문이다.

그간 북한은 미국과의 대화에서 '대북 적대시 정책' 문제를 제기해 왔다. 그것은 미국의 대북 군사옵션, 경제제재, 한미 연합 군사훈련 등이다. 남북 간에도 군사적 긴장 완화 조치를 다루기는 했지만, 안보 문제와 관련해서는 미국과의 대화를 우선시했다. 남북 간의 안보 관련 대화의 결과로 '9·19 성명 군사분야 부속합의서'가 채택되었지만, 북한은 이런저런 핑계를 대며 동 합의서를 존중하지 않았다. 따라서 남북 간에 의제에 국한되지 않는 포괄적 논의의 장이 마련되어야 하며, 거창한 합의문을 만드는 것보다 행동 하나하나를 담보하는 이행에 중점을 두어야 한다. '남북기본합의서'나 '6·15 성명'과 같은 문서보다 상호비방 중단, 이산가족 상봉, 경제교류라는 각각의 행동이 더욱 중요하기 때문이다.

이를 위해서는 서로가 상대에게 원하는 것이 무엇인지를 직접 요구하고, 적당한 거래의 관행을 만드는 것이 필요하다. 가칭 '적대시정책 철폐위원회'를 구성하여 서로 적대시하지 않기 위한 행동을 하나씩 이행한다면 남북 관계의 지속적인 안정에 기여할 수 있을 것이다. 물론 북한은 상황에 따라 일괄적인 해결을 주장할 수도 있고, 우선순위를 바꾸어가며 협상력을 강화하려 들 수도 있다. 하지만 양측이 이행할 수 있는 행동을 하나씩 교환하는 방식으로 접근한다면 북한의 전통적인 협상전략에 말려들지 않을 수 있다.

3. 유연한 비핵 평화 체제와 통일 구상

북한의 완전한 비핵화를 계속해서 지향해야 한다. 하지만 중간단계의 거래가 나쁜 것이 아니라는 발상의 전환이 필요하다. 우리는 그간 북한 핵으로 인해 한반도 안보가 심각히 위태로운 상황이라고 여겨왔다. 물론 사실이지만 다른 한편으로는 철저한 한미동맹을 기반으로 한반도 안보 상황은 안정을 유지하고 있다는 점도 고려해야 한다. 결국 북한의 위협이 고조된다 해도 한미동맹이 잘 작동하고, 미국이 한국의 안보 우려 해소를 위해 적절한 조치를 취한다면 도전을 극복할 수 있다. 이점에 착안하여 비핵 평화 체제를 구축하는 데 유연한 접근이 필요하다. 나아가 한반도 통일도 남북 관계의 현실을 고려하여 보다 장기적으로 구상해야 한다.

남북 관계 개선은 평화 체제 구축과 통일을 위한 수단이면서도 동시에 군사적 긴장 완화의 관점에서는 목표가 될 수 있다. 단기적으로는 관계 개선에 중점을 두고 남북 대화를 이어가며, 평화 체제나 통일 문제는 중장기적인 과업으로 점진적인 해결을 추진해야 한다. 이러한 방식은 북한 비핵화가 이루어져야 신뢰가 구축되며, 그 과정에서 평화 체제를 구축한다는 기존 접근과는 차이가 있다. 북한과의 체제경쟁에서 우위에 있다는 자신감을 기반으로, 북한의 위협을 해소하기 위한 한미 공조를 잘 유지해 나가며 안보 우려를 해소하는 전략을 추진하며, 유연한 평화 체제 정책과 통일 정책을 전개하는 것이다. 핵을 가진 북한과 대화를 하면서도 핵 문제를 이야기하지 않을 수도 있다는 점에서 과거에 비해 파격적인 접근이라 할 수 있지만, 그 이면에는 한미동맹 차원의 협력을 통한 우리의 '안보 우려 해소 방안'이 마련된다면 채택할 수 있는 정책이다.

그렇다면 중장기적 관점에서 평화 체제와 통일 기반은 어떻게 조성해야 할 것인가. 먼저 바람직한 한반도의 미래상을 만들어야 한다. 자유민주주의와 시장경제, 인권이 존중받는 한반도의 미래는 타협할 수 없는 가치이며 정책의 목표가 되어야 한다. 다만 북한과의 대화 속에서 이러한 가치를 강조하는 것은 현실적인 대안이 아니다. 이는 북한을 대화로 견인하지 못하고 대화로부터 멀어지게 만드는 접근이기 때문이다. 따라서 상생과 공영의 한반도를 비전으로 삼고, 서로 도움을 주고받으며 공존할 수 있음을 강조해야 한다. 그것이 바로 평화공존이며, 통일은 남북이 가치적 공감대가 형성된 먼 훗날의 일이 될 수 있음을 이해시켜야 한다. 그래야 긴장 완화를 통한 평화 체제 구축과 통일 기반 조성이 가능할 것이다. 실질적 평화가 정착된다면 정전협정의 평화협정 전환이나, 통일의 시기는 조금 뒤로 미뤄도 될 사안이다.

5부

신뢰
Trust

UP

1
모든 국민의 인권이 존중되고, 보호받는 사회

현황과 쟁점

한국은 권위주의로부터 민주화 이후 2001년 독립 기구인 국가인권위원회를 설립하였다. 이후 국제인권 규범에 근거해 국제 기구들과 협력하며 인권보호와 증진을 위한 활동을 꾸준히 전개해 왔으며, 그 결과 국내 인권 상황도 지속적으로 개선되어 왔다.

하지만 글로벌화로 인해 국내 체류 외국인이 증가하고, 인구 구성의 다양화가 진행되면서 사회가 복잡해지고 문화와 정체성의 다양화도 확대되었다. 이러한 과정에서 사회적으로는 다양성 대응 과정 중 진통이 발생했다. 또한 국민의 인권의식과 감수성이 높아지면서 인권 쟁점들이 지속적으로 부각되었다.

아래 그림은 구글 트렌즈로 확인한 한국의 인권 검색 추세이다. 이를 통해 2020년대 이후 인권에 대한 국민적 관심이 크게 높아졌음을 확인할 수 있다.

한국의 인권 검색 추이

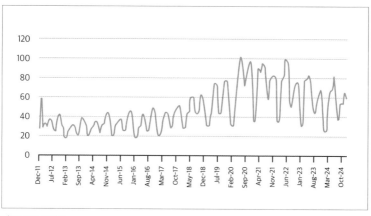

자료: 구글 트렌즈

국가인권위원회의 인권의식실태조사 결과, 2024년 성인의 15% 이상이 지난 1년간 차별을 경험했다고 응답하였다. 또한 한국에서 차별이 심각하다고 응답한 비율은 40%가 넘는다. 본인이 차별을 경험했다고 응답한 경우, 차별의 주된 이유로 들었던 것은 연령, 성별, 경제적 지위, 고용지위, 학력 등의 순으로 나타났다.

같은 조사에서 지난 1년간 시민적·정치적 권리의 침해를 경험한 적이 있다고 응답한 비율은 전체 응답자의 7%, 경제·사회·문화적 권리를 침해당했다고 응답한 비율은 약 10%이다. 한국 사회에서 인권침해가 심각하다고 응답한 비율은 전체의 37% 가량이다.

차별과 인권침해는 국민의 인권 감수성 수준에 의존한다

차별이나 인권침해 정도를 객관적 현실의 문제로만 접근하는 것에는 한계가 있다. 예컨대, 차별이나 인권침해 경험의 비율이 높아진다고 해서 객관적으로 인권상황이 악화되거나 차별이나 인권침해가 더 늘었다고 단정하기는 어렵다.

차별이나 인권침해가 실제로 늘어나지 않았더라도 인권의식과 감수성이 높아지면 과거에는 차별이나 인권침해로 인식하지 않았던 상황도 차별이나 인권침해로 받아들여질 수 있기 때문이다. 이와 유사한 경우가 가정폭력이나 아동학대, 노인학대 등이다. 과거에는 과소 보고되었을 가능성도 있고, 현재는 과잉 보고될 가능성도 존재한다. 이처럼 인권의식과 감수성이 높아지면서 인권침해나 차별 경험에 대한 보고가 증가하는 현상은 청년, 특히 청년 여성들에서 두드러진다.

그렇다면 차별과 인권침해 경험에 주관적 인식이 큰 영향을 미친다고 해서 이를 문제 삼지 않아도 되는 것일까? 그렇지는 않다. 차별이나 인권침해를 경험했다고 생각하고 이를 불만으로 여기거나 불행해하는 것은 객관적 현실이기 때문이다. 다만, 만약 주관적 인식의 영향이 큰 편이라면 그에 대한 대응에는 주의가 필요할 것이다.

중요한 것은 처벌보다 피해자의 회복과 치유이다

차별과 인권침해의 경험으로 고통받는 사람들에게 필요한 것은 무엇인가? 차별이나 인권침해의 가해자들에 대한 처벌인가? 만약 이러한 가해행위가 형법에 명시된 범죄에 해당된다면 처벌을 해야 마땅하다. 그러나 현실에는 범죄로 규정되지는 않지만 여전히 피해를 유발하는 다양한 형태의 차별과 인권침해가 존재한다. 이를 모두 처벌하는 것은 정당하지도, 가능하지도 않다.

차별이나 인권침해에 대응할 때 중요한 것은 피해자가 사회구성원으로서 존엄과 권리가 부정당하거나 훼손된 것에 대해 국가와 사회가 회복과 치유를 위해 책임 있게 노력하겠다는 약속을 보여주는 일이다. 또한 가해자가 개인이건, 민간 혹은 공공조직이건 자신의 행위가 인권에 대한 침해라는 것은 인정하고 재발하지 않도록 노력하게 해야 한다. 이를 위해서는 인권교육과 홍보, 인권침해에 대한 사회적 공론화를 통해 차별과 인권침해의 문제점을 인식하도록 하는 동시에 피해자들의 구제를 위한 사회적 차원의 노력을 기울일 필요가 있다.

객관적, 절대적 기준보다 사회적 합의가 중요하다

시대와 사회에 따라 차별과 인권침해의 내용과 기준은 다양하고 계속 변화한다. 그렇기 때문에 시대와 사회를 초월한 인권의 내용이나 경계는 존재하지 않는다. 사회의 발전과 변화 속에서 사회구성원들이 중요하게 여기고 보호할 필요와 가치가 있다고 여기는 사항들이 인권의 구체적 내용을 이루기 때문이다. 따라서 인권에 대한 사회적 합의를 이루기 위한 지속적인 논의가 필요하다.

인권에 대한 사회적 합의가 중요하고 필요한 이유는 요즘처럼 양극화되고 갈등이 심화된 사회에서 인권은 이념과 진영을 넘어설 필요가 있기 때문이다. 최근 들어 서구뿐 아니라 한국에서도 진보 진영을 중심으로 인권을 과도하게 앞세우거나 내용적으로 현실보다 앞선 주장을 펼친 결과, 역으로 반동backlash이 나타나게 되었다. 과도한 인권 강조나 정치화도 문제이지만 인권을 위험하고 배척해야 할 것으로 보는 것도 문제이다. 인권은 모두가 합의한 사회적 통합의 기반이 되어야 한다.

대응 방향

1. 국가기구나 공직자의 차별, 인권침해 혹은 옹호에 대한 단호한 대응

국민 모두의 안전과 행복을 책임지는 최후의 보루로서, 국가기구와 공직자는 높은 윤리의식과 함께 국민 모두의 인권을 존중하고 보호할 책임이 막중하다. 하지만 여전히 국가기구나 공직자 중에서 차별적이거나 인권을 침해하는 언사를 거리낌 없이 하는 경우가 있다. 사회적 파장과 영향력이 클 뿐 아니라, 국민들의 인권에 대한 신뢰와 가치를 허물어 버리기 때문에 이에 대한 강력한 대응이 필요하다.

국가기구나 공직자가 특정 개인이나 집단을 차별하거나 인권 침해적 언행을 공개적으로 할 경우, 곧바로 무거운 책임을 지도록 하는 규칙과 이를 집행할 기구가 필요하다. 국가인권위원회뿐 아니라 국민권익위원회 등에서도 공직자들의 차별 및 인권침해 행위를 다루도록 하고, 위원장의 중립 의무를 강조하도록 할 필요가 있다. 특히 약자나 소수자, 대규모 사고 피해자나 유족 등에 대해 차별하거나 인권 침해적 언행이 확인될 경우 바로 인사상 조치를 취할 수 있도록 할 필요가 있다.

2. 국민적 합의에 근거한, 현행 제도와 법을 이용한 차별 금지 노력

포괄적 차별금지법 제정을 둘러싼 사회적 대립과 갈등이 계속 첨예하다. 추진하거나 반대하는 측 모두 정치적으로 접근하려 하고 있어 정치적 갈등과 양극화를 더욱 부추기고 있다. 이처럼 인권 쟁점이 정치적 갈등을 첨예화하는 것은 인권을 위해서나 정치를 위해서나 전혀 바람직하지 않다. 관건은 차별을 줄이는데 얼마나 도움이 될 수 있는가에 있다.

실질적으로 차별을 줄이는데 도움이 되려면 국민 의견을 양분해서 갈등을 유발하도록 하는 것이 아니라 이견을 줄여가면서 합의를 이끌어낼 수 있도록 하여야 한다. 현재 한국에는 여성, 장애인, 노인 등에 대한 차별을 금지하는 법과 제도가 존재한다. 하지만 이처럼 존재하는 법과 제도를 통해서도 제대로 차별에 대응하지 못하는 경우도 많다. 따라서 현행 제도에 규정된 차별금지가 실현되도록 제도의 실효성을 높이고 차별에 대한 국민적 인식을 높일 필요가 있다.

그 밖의 사회적 약자들에 대한 보호와 인권 증진 노력은 해당 사안별로 추가적인 사회적 논의를 지속해 갈 필요가 있다.

3. '창'이 아닌 '방패'로서의 인권 보호

인권은 본래 막강한 힘을 가진 조직이나 집단이 취약한 처지의 개인에게 부당한 대우를 하거나 기본 권리를 침해하지 못하도록 보호하는 '방패' 역할에서 시작되었다. 전쟁과 같은 극단적 상황에서 개인의 존엄을 지키기 위한 노력이 인권의 규범화와 제도화를 이끌었다는 점에서도 이를 확인할 수 있다. 하지만 인권이 보편화되면서 '약자'의 이름으로 특정 개인이나 집단을 공격하는 방식으로 인권을 '창'으로 악용하는 사례들이 등장하기 시작했다. 그 결과 인권의 본래 취지와 가치가 훼손됨은 물론 인권에 대한 일반의 인식이 흐려지거나 오염되면서 정치적 도구나 수단으로 인식하여 인권을 매도하기에 이르게 되었다.

인권은 정치적으로 이용되거나 매도되어서는 안되는 중요한 가치이자 현대 사회와 민주주의의 중요한 성과이다. 따라서 인권은 본래 목적처럼 개인을 보호하는 데 초점을 두어야 하며, 어떤 정치적 세력에 의해서도 오용되지 않도록 철저히 관리해야 한다. 이를 위해서는 인권기구의 엄정한 정치적 중립성을 보장하고, 인권을 내세우면서 오히려 인권을 침해하는 역설적 상황이 발생하지 않도록 제도·규정·운영·실천 전반에 걸쳐 철저한 대비와 통제가 필요하다.

2

모욕과 혐오, 거짓과 왜곡으로부터
자유로운 미디어

현황과 쟁점

한국 사회는 정서적으로 양극화되어 내전과도 같은 상황을 벗어나지 못하고 있다. 자신과 입장이나 주장이 다른 사람 혹은 집단을 적대시할 뿐 아니라 제거해야 할 대상으로까지 몰아붙이고 있다. 그 결과 사회적 분열과 파편화가 심각해졌고 이성과 대화가 아닌 힘과 대결이 지배하게 되었다. 불가피한 갈등은 문제 해결을 통해 긍정적 변화와 혁신을 가져오지만, 정서적 양극화에 따른 불필요한 갈등은 사회적 불안과 비용의 증가를 가져와 사회의 발전이 아닌 퇴행을 가져온다. 이제 우리 사회는 공공선을 이루기 위한 협력과 조율이 아닌 만인에 대한 만인의 투쟁, 약육

강식의 논리가 지배하는 사회적 내전 상황을 향해 치닫고 있다.

양극화와 갈등의 가장 주된 원인은 정치권의 무책임한 언동이지만, 그와 더불어 미디어의 역할 또한 중요하다. 보도 윤리와 함께 언론의 책임을 져야 했던 매스미디어와 달리 소셜미디어는 언론이 아닌 통신으로 자신을 위치시키며 공공적 책무로부터 벗어나려 해왔다. 그 결과, 사회적으로 인정과 존중이 아닌 혐오와 모욕의 언어가 넘쳐나고, 진실을 위한 토론이 아닌 거짓과 왜곡이 지배하게 되었다.

국가인권위원회 인권의식 실태조사에 따르면, 2024년 1년간 혐오표현을 접한 비율은 응답자의 19%에 가까운데, 이들 중 20대는 30%, 3~40대는 20%를 넘는 비율을 보인다. 현재 미디어나 일상에서의 혐오표현에 대해 심각한 수준이라는 응답은 56%에 이르며, 혐오표현을 접한 경험이 있는 응답자들의 70% 이상이 별다른 대응을 하지 않았다고 응답하였다. 혐오와 표현이 소셜 미디어에까지 확산되면서 청소년과 어린이들까지도 혐오표현에 노출되기 시작했다.

매스미디어를 주도했던 인쇄매체와 방송매체는 언론의 윤리와 규범, 그리고 정부의 규제와 중재를 통해 거짓이나 왜곡, 선동을 멀리하기 위한 노력을 해왔다. 하지만 소셜미디어는 언론이 아닌 통신매체로 스스로를 규정하고, 언론의 자유라는 미명 뒤에서 조회수를 높이는 자극적 컨텐츠를 조장하며 거짓과 왜곡을

방조할 뿐 아니라 때로는 조장하고 있다. 디지털 플랫폼의 일부로서 소셜미디어가 도입한 추천 알고리즘과 조회수 기반의 인센티브로 인해 악화가 양화를 구축하듯 왜곡과 거짓이 정직과 진실을 덮어가고 있기 때문이다. 그 결과 사회적으로 진실이 중요하지 않은 탈진실 상황이 도래했다.

알고리즘과 인공지능은 중립적 도구가 아니다

인류 문명은 언어 및 도구의 발달과 함께 가속적으로 발전해 왔다. 언어는 인간의 지식의 축적을 통해 발전을 가속화했다면, 도구는 인간의 신체적 한계를 벗어나 무한한 가능성을 제공했다. 그런데 언어와 도구 모두 인간이 만들고 인간이 통제하는 대상일 뿐만 아니라 거꾸로 인간을 통제하는 주체로 바뀌어 가고 있다.

언어학에서는 언어의 지시성과 함께 수행성을 이야기한다. 지시성이 언어가 특정 대상을 지칭한다는 의미라면, 수행성은 언어가 인간으로 하여금 특정한 행동을 하도록 유발한다는 의미이다. 명령이나 권유의 내용을 담은 언어가 대표적이다. 언어와 마찬가지로 도구 역시 수동성과 적극성을 동시에 갖는다. 수동성이 인간의 사용에 도구가 종속되는 것을 의미한다면, 적극성은 인간의 통제나 의도를 벗어날 수 있다는 의미이다.

인류 역사에 걸쳐 발전해온 무기체계는 도구의 적극성을 보여주는 대표적인 예이다. 핵무기, 화학무기, 생물무기 등 인간이 통제하기 어려운 무기들이 발전하면서 인류 문명의 위험이 엄청나게 높아졌기 때문이다. 인공지능과 알고리즘, 그리고 그 출발점인 컴퓨터는 언어와 도구가 결합된 것이다. 그리고 이들의 최근 발전은 수행성과 적극성을 특징으로 한다. 인간의 운명을 인간의 통제로부터 빼앗을 가능성이 높다는 것이다.

알고리즘은 인간의 실천적 의식을, 인공지능은 인간의 성찰적 의식을 대체할 가능성이 높다. 또한 인정을 바라는 인간으로 하여금 거짓과 혐오를 통해 만족을 추구하도록 유도하는 역할을 플랫폼과 소셜미디어가 하고 있다. 그 결과 소셜미디어는 인간을 조정해서 특정 집단을 적대시하거나 거짓을 믿게 만들어가고 있다.

디지털 플랫폼의 자율과 책임은 함께 추구되어야 한다

2010년대 이후 급성장한 디지털 플랫폼은 경제발전의 견인차역할 뿐 아니라 사회의 모든 영역에서 영향력을 높여가고 있다. 플랫폼 노동이 시간과 공간을 넘어 보편화되고 있으며, 플랫폼은 소비와 오락, 소통을 넘어 건강, 재산 등 인생의 중요한 부분까지

장악해 가고 있다.

이처럼 엄청난 영향력을 갖게 된 디지털 플랫폼에 대해 그간 정부에서는 정치적 이해관계나 산업적 영향력, 국가 경쟁력 등에만 초점을 맞춰 대응해 왔다. 또한 국내가 아닌 글로벌 디지털 플랫폼에 대해서는 기술적, 산업적 측면에만 관심을 한정해서 최대한 자율을 보장해왔다. 그러나 앞서 살펴본 것 처럼 한국 사회에서 소셜 미디어의 영향력이 점점 거대해지고 있는 상황에서 자율에 따른 책임의 요구를 포기해서는 안된다.

디지털 플랫폼에 기반한 소셜미디어는 한국 사회에서 개인정보와 프라이버시를 침해하지 않으며 혐오표현을 통해 개인과 집단의 명예를 훼손하지 않도록 할 책임은 물론, 사실의 왜곡이나 허위사실, 거짓된 정보에 대해 적극적으로 대응해야 할 책임도 있다. 자율을 통해 얻게 된 영향력에 대해서는 그에 상응하는 책임이 따라야 하기 때문이다.

미디어 운영자와 이용자 모두 사회적 책임에서 자유로울 수 없다

사상과 표현, 언론의 자유는 현대 사회의 대표적인 기본권이다. 특히 종교나 정치, 군사 등 권력을 가진 기관에 의한 억압에 맞서 진실을 추구해 온 역사적 맥락을 고려할 때, 그 중요성은 더욱 강조된다. 그런데 모든 자유가 절대적일 수 없듯이 타인의 기본권을 훼손하거나 억압하는 자유는 전쟁이나 재난과 같은 예외적 상황이 아니면 누구도 가질 수 없고, 가져서는 안된다.

디지털 플랫폼을 통해 타인의 개인정보를 무단으로 이용하고, 타인의 노동권을 제한하는 것이 제약될 필요가 있듯이, 소셜미디어를 통해 타인의 인격적 존엄을 침해하고 모욕하는 것, 타인의 진실추구를 방해하고 거짓정보를 통해서 사회적 불안과 혼란을 조장하는 것은 명백히 제한될 필요가 있다. 물론 규제와 처벌을 통해 이러한 행위에 대응하는 것은 현실적으로 실행하기 어려울 뿐 아니라, 원칙적으로 과도한 규제의 소지가 있다. 하지만 미디어의 사회적 책임을 강조함으로써 자체적으로 혐오표현과 거짓으로 이득을 취할 여지를 줄일 수는 있다.

대응 방향

1. 새로운 미디어 환경에 적합한 언론의 자유와 책임의 제도화

기술의 발전은 종종 사회제도와 문화를 앞서갈 경우가 많으며 이를 문화적 혹은 제도적 지체[lag]라고 부른다. 디지털 플랫폼과 소셜미디어의 발전과 함께 나타났던 여러 문제는 이러한 지체의 최신 사례라고 할 수 있다. 매스미디어 시대에 정부는 인쇄매체와 방송매체에게 이른바 언론의 편집권에 대한 사회적 책임을 강조했다. 하지만 디지털 플랫폼은 다양한 크리에이터들의 콘텐츠를 단지 '게재할 공간'을 제공할 뿐이라는 논리로, 이 같은 책임을 벗어나려 했다. 그 결과, 유익하고 흥미로운 콘텐츠와 더불어 혐오표현, 거짓정보 등의 유해 콘텐츠가 범람하게 되었다.

그렇다면 국가나 사회는 미디어가 개인의 존엄을 보호하고 진실을 보도해야 한다는 책임을 구시대의 유물로 버려야 할 것인가? 탈진실 시대는 불가피한 것이기에 우리는 바벨탑의 비유와 같은 혼란 속에서 힘있는 세력이나 집단이 진실을 규정하도록 용인해야 옳은 것인가? 이 질문에 대한 궁극적 대답은 아직 제시되지 않았다.

하지만 디지털 플랫폼과 소셜미디어의 급속한 발전과 영향력의 급속한 확대 속에서 대안을 찾으려는 노력은 한시도 지체할 수 없는 상황이다. 최소한 악성 컨텐츠로 인해 무고한 개인이 명예를 훼손당하거나, 허위정보로 인해 돌이킬 수 없는 행동을 하게 되는 상황은 방지되어야 한다. 소셜미디어의 사회적 책임을 어떻게 제도화할 것인가에 대한 본격적인 논의와 법제도화의 기반 마련을 진행해야 한다.

2. 미디어 이용자의 미디어 리터러시 제고를 위한 적극적 노력

소셜미디어를 제공하고 관리하는 디지털 플랫폼만이 아니라 미디어 이용자 역시 중요한 책임이 있다. 그 책임은 미디어에 해롭지 않은 컨텐츠를 올리는 동시에 미디어에서 접한 정보에 대한 비판적 시각을 유지하는 것이다. 이러한 미디어 이용자의 책임을 가능하게 하는 것은 '미디어 리터러시media literacy'이다. 미디어 리터러시란 단순한 기술적 활용 능력에 그치지 않고, 디지털 소셜미디어의 작동방식에 대한 이해, 정보에 대한 비판적 사고, 컨텐츠 제작 및 공유 시의 윤리적 태도, 타인에 대한 존중의식 등을 모두 포함한다.

미디어 리터러시는 미디어 활용능력과 비례하는 경우도 있다.

예를 들어, 고령층은 디지털 격차로 인해 미디어 활용능력과 리터러시가 모두 낮은 경우가 많다. 반면, 저연령층에서는 둘이 반드시 비례하지 않는다. 어려서부터 사용해서 기술적 활용은 매우 익숙하지만, 미디어의 컨텐츠나 다른 이용자들을 대하는 태도에서는 미숙한 경우가 많기 때문이다. 미디어 리터러시가 낮은 경우, 자신의 개인정보나 재산에 피해를 입을 가능성이 높을 뿐만 아니라, 허위정보를 그대로 믿거나 혐오표현 및 거짓 정보를 생산·확산하는 문제행동으로 이어질 수 있다. 따라서 학교 등 제도교육을 통해 미디어 리터러시 교육을 강화하고, 사회 전반의 홍보와 다양한 교육 방식으로 이를 지속적으로 제고해 나가야 한다.

3. 정치권의 미디어 오용에 대한 단호한 대처

한국의 정치는 민주정치의 퇴행적 형태인 포퓰리즘과 권위주의의 대립 양상을 보인다. 포퓰리즘과 권위주의 모두 민주정치의 외양을 가장하기 때문에 자신에게 유리하도록 민심을 유도하고자 노력한다. 그 과정에서 디지털 플랫폼에 기반한 소셜미디어의 오용이 만연하게 되었다. 매스미디어 언론과의 유착 혹은 언론의 억압이 과거 권위주의의 방식이었다면, 소셜미디어 언론의 무분별하고 죄의식 없는 오용은 새로운 권위주의와 포퓰리즘의 방식이다. 과거 댓글부대 동원에서부터 드루킹 매크로 조작, 그리고 최근의 정치 유튜버에 이르기까지 문제는 점점 더 심각해지고 있다. 이러한 정치에 의한 미디어 오용이 가져올 사회적 재앙은 명백하다.

문제는 소셜미디어의 컨텐츠가 개인 또는 위장 기업 등에 의해 제작·유포되며, 이들이 왜곡, 조작, 혐오 조장에도 불구하고 빠져나가는 근거가 표현의 자유라는 점이다. 그러나 자유가 사회적 혼란을 초래하거나, 타인의 자유를 침해한다면 그 자유는 제약되어야 한다. 온라인과 소셜미디어의 무정부주의를 조장하는 것은 질서 속의 개혁이 아닌 무질서 속의 혼란만을 가져온다. 소셜미디어에서 악의적 정치 선동 혹은 고의적 정보왜곡이 의심될 경우 수익발생을 유보하도록 하는 한편, 이러한 혐의를 가진 개인이나 조직을 옹호하거나 연계하는 정치인, 정당은 선거 비용 보전에 불이익을 주도록 하는 등 엄격한 조치를 취할 수 있는 근거를 마련할 필요가 있다.

3
국가와 사회 기본서비스 제공자의 존엄 수호

현황과 쟁점

코로나19와 같은 국가적 재난은 의료, 교육, 돌봄, 안전, 재난 대응 등의 기본서비스가 국민 삶에 얼마나 필수적인지를 분명히 보여주었다. 민간 또는 공공부문 모두 해당 분야 종사자들은 공공성과 헌신을 바탕으로 높은 수준의 소명의식과 헌신을 요구받는다.

뿐만 아니라 이들은 많은 경우 재난 상황에서는 물론이고 평상시에도 많은 위험에 노출되어 있다. 이들의 헌신과 서비스에 대한 사회적 보상은 단지 경제적 보상으로만 충족될 수 없으며, 이들이 공공의 가치에 헌신하는 만큼 사회적으로 높은 존경을 받을 수 있도록 국가와 사회는 보장해야 한다.

그러나 선진국에서 사회 기본서비스 종사자들에 대한 높은 보상과 존경을 제공하는 것에 비해 한국에서는 정반대로 이들 기본서비스 제공자들을 당연시하고 과도한 요구를 하거나, 더 나아가 모욕하고 행패를 부리는 경우가 늘고 있다. 이른바 공무원, 경찰, 교육 및 의료계 종사자들에 대한 갑질의 일반화 현상이 늘고 있다.

이러한 갑질과 민원, 괴롭힘과 모욕은 민주화와 공공부문 혁신 이후 높아진 대국민 서비스에 대한 요구와 맞물려 종사자들의 마음 건강을 위협할 뿐 아니라 이들 분야 일부에 대한 지원 기피를 초래했다. 이는 궁극적으로는 기본서비스의 질적 악화를 발생시키고, 이러한 열악한 상황이 더 많은 불만과 민원을 가져오는 악순환을 낳는다.

물론 서비스 수혜자들이 관료적 시스템에 불만을 가질 수는 있다. 하지만 대인 서비스 및 기본서비스 종사자에 대한 과도한 민원은 모욕과 괴롭힘의 결과이자 원인이 될 수 있다. 그 결과, 자신이 받는 스트레스와 괴롭힘을 다른 사람들에게 풀면서 사회구성원 대다수가 모욕감에 시달리게 되는 것이다. 이제는 국가와 사회가 나서서 이러한 문제들에 대처하고 국민 다수의 마음건강을 챙겨야 한다.

과도한 민원은 권리 행사가 아닌 특권의 요구이다

　기본서비스에 대한 요구가 높아지고, 이를 제공하는 체계가 복잡해질수록 이들 서비스를 받는 사람들은 자신의 기대에 못 미친다고 생각하거나 즉각적인 대응과 서비스를 받지 못한다고 생각하게 된다. 특히 최근 공정에 대한 사회적 관심이 높아지면서, 자신이 기본서비스 제공 체계로부터 받는 대접이 다른 사람들보다 못하다고 생각하고 다른 누군가는 특혜를 받기 때문에 내가 부당하게 피해를 받는다고 생각하는 경우도 늘고 있다.

　그러나 이러한 과도한 민원이나 반복적 괴롭힘은 단순한 불만 표출을 넘어 공공질서를 해치는 범죄적 행위이며, 우선적 대우를 요구하는 주장은 권리가 아닌 특권의 요구이다. 다른 사람들과 동일하게 기다려야 하는 상황에서 자신에게만 우선적인 대우를 요구하기 때문이다. 이러한 행위는 서비스를 받아야 하는 다른 사람에게 피해를 입히는 것일 뿐 아니라 공무집행을 방해하는 행위이기도 하다. 소수로 인해 다수의 서비스 이용이 위협받기 때문이다.

기본서비스 제공자는 다른 사람들에 우선해
존엄을 보호받아야 한다

한국 사회에서 요즘 나타나는 갑질과 괴롭힘은 다양한 분야에 걸쳐 다양한 방식으로 나타난다. 하지만 공무원, 경찰, 교육과 의료 분야의 기본서비스 종사자들은 다른 분야들에 앞서 우선적으로 보호받을 필요가 있다.

첫째, 이들이 제공하는 서비스가 기본적이어서 모든 국민에게 기능적으로 필수적이기 때문이다. 이들의 서비스 제공을 방해하는 행위는 결국 타인의 기본권을 제한하는 것이다.

둘째, 높은 헌신이 요구되는 만큼 사회적 존중과 보호가 뒷받침되어야 하기 때문이다. 높은 헌신의 결과가 모욕과 괴롭힘이라면 해당 직종은 기피 대상이 될 가능성이 높다.

대응 방향

1. 사회 기본서비스 제공자의 활동에 대한 면책범위 확대

기본서비스 제공자들이 접하게 되는 많은 민원과 괴롭힘의 근원은 자신들이 제공한 서비스에 대해 서비스를 받은 사람들의 불만이다. 이들 불만 중 일부는 정당한 것도 있고 정당하지 않은 것도 있다. 정당하지 않은 것은 명확히 잘못된 것이지만, 정당한 것이더라도 서비스 제공자를 과도하게 괴롭히는 것은 옳지 않다.

따라서 서비스 제공 과정에서 발생한 비고의적 실수에 대해서는 사과나 약한 징계 수준의 조치로 마무리할 수 있도록 책임 범위를 한정할 필요가 있다. 서비스 제공자에 대한 과도한 책임 추궁은 결과적으로 서비스 제공에 소극적이거나 회피하도록 만들어 악순환을 낳기 때문이다.

또한 서비스 제공자가 법적 책임을 부담하거나 법률 소송에 직면했을 때 정부가 법률적 지원을 제공하는 제도를 도입해야 한다. 기본서비스 제공자들의 업무는 높은 위험성과 책임을 수반하므로, 그 부담을 개인에게만 전가하는 것은 부당하다.

2. 상습적이고 과도한 민원인들에 대한 접근과 서비스의 제한

기본서비스 제공 종사자를 괴롭히는 민원인은 다수가 아니라 소수인 경우가 많다. 하지만 소수의 사람들이 지속적이고 끈질기게 괴롭히기 때문에 문제가 심각하다. 따라서 이들의 권리 남용을 제한하기 위한 제도적 대응이 필요하다. 민원과 안내에 대한 과도한 민원의 기준을 만들어 이들에게 충분한 안내와 경고 이후에는 접근과 서비스 받을 기회를 제한할 필요가 있다.

의료 서비스의 경우, 과도한 민원을 제기한다면 해당 기관의 서비스를 받을 기회를 제한할 권한을 의료기관에 줄 수 있으며, 또한 그로 인한 피해를 배상할 의무를 지우는 것도 생각할 수 있다. 교육 서비스의 경우, 교사의 학생지도에 대해 교권을 침해하는 민원이나 괴롭힘이 발생한다면 부모의 학교나 교사에 대한 접근이나 연락을 제한한다. 공무원이나 경찰 역시 마찬가지로 과도한 민원에 대해서는 적극적인 방어를 가능케 할 필요가 있다. 아울러, 모든 경우에 대해 민원인을 통제할 안전과 보안을 담당할 요원들을 기관에 배치하도록 한다.

3. 서비스 제공자의 마음건강에 대한 충분한 지원

기본서비스를 제공하는 종사자들은 업무의 특성상 높은 스트레스와 과중한 책임감을 안게 되는 경우가 많다. 또한 민원인들의 모욕과 괴롭힘은 이들이 마음건강에 심대한 위협 요인으로 작용한다. 따라서 이들 기본서비스 제공 종사자들에 대한 주기적인 마음건강 확인과, 필요한 경우 상담과 치료를 제공해야 한다.

기본서비스 제공 종사자들은 마음건강을 위한 휴식과 휴가의 기회를 폭넓게 제공받을 수 있도록 제도를 도입하는 것도 필요하다. 서비스 제공자들이 건강하고 안전하게 서비스를 제공할 수 있도록 보장하는 것이 결국에는 이들의 서비스를 받는 다수 국민에게 도움과 혜택이 된다는 것을 분명하게 인식할 필요가 있다.

이러한 서비스 제공 기관을 감독하는 기관이나 이들에게 영향력을 행사하려는 정치권 역시 이러한 점들을 고려해서 최대한 자율을 보장하고 지원을 아끼되 통제와 제약은 최소한으로 할 필요가 있으며, 이를 제도적으로 명문화할 필요가 있다.

4

이민을 통한 인재 유치와
다양성 제고

현황과 쟁점

2000년대 이후 지속된 저출산·고령화로 한국의 주민등록인구 (한국인)는 2019년 12월 이후 지속적인 감소세를 보이고 있다. 이러한 추세가 지속된다면 생산인구의 급감은 물론 고령자 부양비 증가, 연금을 포함한 사회보장의 위기, 지역 불균형 심화 및 지방 소멸 등 심각한 사회문제가 예상된다.

반면, 외국인을 포함한 상주인구를 기준으로 한 인구총조사 결과는 상이한 양상을 보인다. 코로나19 기간인 2020~2022년에는 인구가 감소하였지만, 2023년 이후에는 다시 증가하는 것으로 조사되었다. 이는 저출산으로 감소한 내국인 수보다 더 많은 외국인 유입이 이루어졌음을 시사하며, 이민정책을 통한 인구의 양과 질의 관리가 사회·경제 발전의 지속가능성에 중요한 관건임을 보여준다.

이민은 '한국인의 해외진출'과 '외국인의 국내유입'의 두 측면을 포괄한다. 이민 결정의 핵심 동인은 개인의 사회·경제적 이해관계이며, 개인은 더 나은 삶의 기회와 질을 위해 이주를 선택한다. 이러한 점을 고려한다면 지속적인 사회의 유지, 발전과 경제성장에 필요한 인재 확보를 위해서는 자국인의 인재유출을 줄이고 우수 외국인을 유치해서 인재획득을 달성하려는 인재 쟁탈전에 대한 국가 전략의 수립이 긴요하다.

우수 인재란 인구의 양과 질의 개념을 모두 아우른다. 첨단산업 분야의 고도 기술인재뿐 아니라 산업 분야의 숙련기능인력, 돌봄 서비스 종사자, 인구 감소지역에 거주하거나 경제활동을 하는 사람 등 한국이 처한 사회·경제 상황과 필요를 종합적으로 고려해서 판단해야 한다.

저출산·고령화로 인한 인구감소가 한동안 지속될 장기적인 추세로 자리 잡은 상황에서 출산율 반등에 의한 인구 증가를 당분간 기대하기 어려운 것이 현실이다. 이러한 배경에서 이민과 이민정책의 중요성이 부각된다. 한국이 필요로 하는 인력을 적절히 확보하려면 이민정책의 체계화가 시급하다. 그러나 현재의 이민정책은 여러 부처에 분산되어 있을 뿐 아니라 정책의 조정기능이 제대로 작동하지 않아 정책 영역에서 사각지대와 중복집행 등의 문제가 발생하고 있다.

한국의 외국인 인재 수요를 반영한 이민정책의 미흡

한국에서 그동안 이주민은 구성면에서 저숙련 외국인 근로자, 결혼이민자, 외국인 유학생이 대부분을 차지해 왔으며, 외국의 우수 인재 규모는 이에 비해 상대적으로 적었다. 하지만 현재 외국으로의 두뇌 유출이 늘어가는 상황에서 향후 외국으로부터의 우수인재 확보를 위한 외국인 전문인력 유치 정책의 재정비가 시급하다.

저숙련 외국인 근로자는 제조업, 건설업, 농림축산업, 어업 및 양식업에 집중되어있는 반면, 서비스업 분야에는 인원이 적다. 그 결과 서비스업 분야의 인력부족 문제가 나타나고 있다. 향후 예상되는 돌봄 서비스 수요 증가에 대비하여, 서비스업 분야에서의 외국인 인력 활용 확대가 요구된다.

결혼이민자의 경우 본인과 자녀의 사회적응 문제가 심각한 상황이다. 이 문제의 해결을 위해 생애주기별로 결혼이민자 및 가족이 직면하는 문제를 지속적으로 파악하고, 그에 따라 정책적 대응을 추진할 필요가 있다.

외국인 유학생의 경우 인문사회 계열 전공자가 많고 이공계 전공자는 상대적으로 적으며, 졸업 후 우수 인재로 육성되어 국내에 취업하고 정착하는 사례가 드물다. 이에 따라 성취동기를 자극할 수 있는 교육 및 사회적응 지원을 강화하는 동시에, 우수 인재들이 국내에 안정적으로 정착할 수 있도록 실질적인 인센티브 제공이 필요하다.

이민정책 집행의 체계성과 효과성 제고의 필요

현재 이민정책에서 중요한 현안은 출입국 관리 중심의 법무부와 인력 관리 중심의 노동부 등으로 분산되어 있던 이민 업무를 통합하여, 국가 차원의 중장기 전략을 수립하고 집행할 수 있는 '이민청' 설립을 추진하는 것이다.

정부는 2022년 이후 이민청 설립을 추진했지만 정부조직법 개정이 이루어지지 않아 설립이 무산되었다. 이러한 결과는 정치적 여건의 불확실성도 작용했지만, 보다 근본적으로는 기존의 이민청 설립 방안이 논의에만 머물렀고, 실질적인 추진 주체와 구체적인 업무 범위가 명확히 설정되지 않았기 때문이다.

새로운 행정조직을 설립해야 한다는 당위성과 방향성은 제시되었지만, 체류자격별로 이주민의 정주 여건을 개선하거나, 이주민의 사회통합 정책을 세분화하는 등의 구체적인 과제 제시는 부족했다. 이에 더해 이민자 유입에 대한 사회적 수용성 문제나 국내 사회집단 간의 이해관계 조정의 어려움도 있었다.

대응 방향

1. 경제성장 촉진과 사회적 활력 제고를 위한 해외 인재 유치

저출산·고령화로 예상되는 인구감소 상황에서 사회·경제적 지속가능성을 위해서는 이민을 적극적으로 고려해야 하는 상황이다. 특히 부족이 예상되는 인력을 확보하고 복지재정의 취약화와 사회적 게토화를 막는 등 한국 사회의 위협요인을 제거하는 방향으로 이민정책을 설계할 필요가 있다.

이를 위해 한시형 이주민에 대해서는 교체순환 원칙을 철저하게 지키고, 영주형 이주민에 대해서는 사회통합을 적극 추진하되, 한시형 이주민이 교육 및 훈련을 통해 숙련 기능인력으로 성장할 경우 영주형으로 체류자격을 전환할 수 있도록 제도를 유연하게 운영할 필요가 있다.

효과적 이민 활용을 위해 업종별, 지역별, 직종별 인력 수급 불균형을 해결할 수 있도록 노동시장에 대한 상시적 모니터링 시스템을 구축할 필요가 있다. 이러한 모니터링에 기반해서 외국 인재를 언제, 얼마나, 어떤 분야에, 어디로부터 도입 혹은 유치할 것인가 결정해야 한다.

유학생을 유치해 우수 인재로 육성하는 것은 혁신과 창조 중심의 지식경제 사회에서 성장의 기반을 확보하는 것이다. 이와 함께 국내 대학의 경쟁력 강화라는 일석이조의 효과를 위해서도 외국인 유학생 정책을 체계화할 필요가 있다.

2. 이민청 설립을 통한 이민정책 거버넌스 본격화

그간 행정적 소관에 따라 분산되어 있던 이민정책을 통합하고, 전략적 의사결정과 업무 총괄을 수행할 수 있는 통합적 거버넌스 구축이 시급하다. 그 핵심은 이민정책의 통일성과 효율성을 제고하기 위해 여러 부처 간 협력을 조율할 총괄 기구로서 이민청을 설립하는 데 있다.

신설될 이민청의 중요한 역할은 국가 차원의 전략적 이민정책을 수립하고, 동시에 각 부처의 주관 업무를 명확히 설정하여 이민 관련 업무를 조정하고 통합하는 것이다. 기존 부처들은 자신들의 전문 분야에서 정책을 계속 수행하되, 이민청을 중심으로 상호 협력을 강화하여 저출산·고령화에 따른 부담에 공동으로 대응할 필요가 있다.

이러한 역할과 과제를 맡으려면 이민청은 기획 및 조정 기능을 확보해 의사결정 지원체계를 갖추고, 부처 간 기능의 연계와 조정을 통해 정책 사각지대를 해소할 필요가 있다.

5

'분권형 대통령제'를 도입하여 민주적 정당성과 책임성 강화

현황과 쟁점

1948년 제헌헌법 이래 우리 헌법은 9차례 개정이 이루어져왔다. 개헌 내용을 살펴보면 집권연장이나 권력구조개편에 관한 내용이 대부분이었으며 국민의 자유와 권리를 신장시키기 위한 목적으로 개헌이 이루어진 적은 찾기 어렵다. 1987년 6월 항쟁의 결과 국민의 민주화 열망을 담아 개정된 현행 헌법은 역대 어느 헌법보다도 오랜 기간 동안 유지되고 있다. 현행 헌법이 국민의 기본권 보장이 강화되고, 기존 권위주의적 정치체제를 타파한 결과의 산물이긴 하지만 87년 체제가 출범한지 40년이 되어가고 있다. 87년 개헌 이후 국내 정치와 경제 그리고 사회, 문화적 환경에 많은 변화가 있었다. 이러한 변화와 새로 등장하는 다양한 문제를 해결하기 위해서는 개별 법률 개정이나 제도보완만으로는 더 이상 충분하지 않다는 데 다수가 동의하기에 이르렀다. 국가 시스템 전반을 헌법적 차원에서 재검토할 필요성이 제기되고 있다.

5년 단임제 대통령제는 대통령의 책임성 강화에는 적절하지 않다

대통령 임기 단임제 조항은 우리 정치사의 고질적 병폐인 장기집권과 독재에 대한 반성에서 비롯된 것으로, 1980년 헌법에서 처음으로 도입되었고 1987년 개헌을 통해 임기가 5년으로 단축되었다. 현행헌법은 과거 군부정권시절의 간선제에 대한 반감으로 국민의 간절한 염원이었던 '대통령직선제'와 '5년 단임제'를 실현하였고, 과거 정권의 적폐를 청산하는데 기여한 것도 사실이다. 현 대통령 5년 단임제는 재선을 염두에 두지 않고 임기 동안 안정적인 국정운영을 해 나갈 수 있다는 장점을 보유하고 있지만, 대통령의 막강한 권력에 대하여 견제장치가 마땅하지 않다는 점에서 그 한계성을 보유하기도 한다. 물론, 단임제를 도입하게 된 배경은 과거 권위주의 시대 장기집권의 안 좋은 경험을 되풀이하지 않기 위한 대책이었다. 그러나, 단임제는 대통령이 강력한 권력을 행사하면서 국민여론을 무시하는 독단적인 국정운영을 하도록 하는 결과를 가져오기도 했다.

대통령 선거제도와 국회의원 선거제도는 민주적 정당성 확보와 책임성 강화 방향으로 개선되어야 한다

정치제도 개혁 논의에서 중요한 이슈로 제기되는 것 가운데 하나는 선거주기 불일치 문제이다. 대통령 선거와 국회의원, 지방자치단체 선거와의 주기를 일치시키느냐, 아니면 현재와 같이 불일치인 상태로 그냥 두느냐 하는 문제다. 선거주기 불일치는 대통령제 하에서 대통령과 의회 사이의 견제와 균형 대신 대립과 갈등을 일으키는 제도적 요인 중 하나로 알려져 있다. 또한, 현행법은 5년의 대통령 임기 중에 국회의원 총선과 지방선거뿐만 아니라 대선 및 각종 보궐 선거 등을 치러야 하는 소위 '선거정국의 상시화'로 인한 국정의 불안과 비효율성이 초래되고 있다. 이와 같은 선거주기의 불일치에 따른 비용손실과 정치적 비효율성의 문제를 어떻게 해결할 것인가에 대한 논의도 필요하다.

대통령제가 추구하는 견제와
균형 메커니즘 작동을 강화해야 한다.

　국민이 현재의 제왕적 대통령제에 불만을 갖고 있다는 것은 분명하지만, 그들이 의원내각제나 이원정부제로의 이행을 원하고 있는가에 대하여 충분한 사회적 합의나 국민적 공감대가 존재한 것은 아니다. 적어도 국민이 원하는 바람직한 권력구조는 분권과 협치이다. 분권의 목적은 권력기관 상호 간의 견제와 균형을 유지하는 것이며, 협치는 국가작용의 효율성을 확보하는 것이다. 제왕적 대통령제의 폐해를 반복하지 않기 위해 대통령에게 집중된 권력의 분산이 필요하며, 현재와 같은 여야의 극한 대립과 충돌을 회피할 수 있는 협치방안이 필요하다는 국민적 요청이 있다.

　개헌의 핵심적 내용 중 하나는 대통령에게 집중된 권력을 어떻게 하면 효과적으로 분산시킬 수 있는가 하는 점이다. 대통령의 권한을 분산시키는 분권형 정부형태를 도입할 경우, 대통령과 총리의 권한을 어느 정도로 할 것인지에 대한 논의 필요하다. 우리의 국무총리제는 대통령제에 의원내각제 요소를 결합한 절충형 형태로, 국회와의 협치를 강화하고 행정상의 수직적 분권효과를 도모한다는 차원에서 도입되었다.

대응 방향

1. 4년 중임제를 도입해 대통령의 책임성과 민주적 정당성 강화

대통령 임기를 4년 중임제로 개편할 경우, 대통령 선거와 국회의원 선거의 주기를 일치시킬 수 있게 됨으로써 여소야대 분점정부의 발생 가능성을 줄이고, 최대 8년간 장기적으로 국정을 운영할 수 있다. 단임제와 달리, 연임을 위해서는 국민의 신임을 얻기 위한 정책을 펴나갈 수밖에 없다. 이와 더불어, 국민은 기대에 못 미치는 대통령을 4년 만에 권좌에서 내려보낼 수 있다. 선거주기 불일치로 인해 발행하는 분점정부의 출현과 대통령의 조기 레임덕 등의 현상을 막을 수도 있고, 국정운영의 안정성과 효율성을 확보할 수 있는 장점이 있을 수 있다.

2. 대선과 총선 선거주기 일치 및 대선에 결선투표제 도입

대통령선거와 국회의원선거가 동시에 치러질 경우, 평균적으로 대통령선거에 승리한 정당이 국회의원선거에서도 다수당이 될 가능성이 높다. 이는 국회와 대통령 간의 교착상태를 해소하는 방안이 될 수 있다. 반면, 견제와 균형의 원리에 충실하려는 대통령제 정부형태에서는 중간선거제가 더 바람직하다고 보는 시각도 존재한다. 대통령 임기 중반에 총선을 통한 중간평가적 기능을 통해 국회구성의 변화가 가능하도록 함으로써 책임정치를 실현하는 한편, 대통령의 권력에 대한 통제장치 역할을 기대할 수도 있기 때문이다.

대통령선거에 결선투표제를 도입하는 것도 논의될 필요가 있다. 결선투표제는 1차 투표에서 최다득표자가 과반 미달일 경우 득표 상위 2인을 대상으로 재투표하여 당선인을 결정하는 선거제도이다. 유권자의 입장에서도 사표방지 심리가 작동하지 않기 때문에 지지후보에게 소신투표할 수 있는 기회도 보장된다. 이 제도는 당선인의 과반득표가 항상 보장되도록 하기 때문에 대통령 당선인의 민주적 정당성을 높여 국정운영의 안정성을 보장하는 효과도 보유한다. 그럼에도 불구하고, 인위적 과반조성으로 적지 않은 문제점을 노정하는 선출 방식이라는 비판도 있다. 더욱이, 결선투표에 소요되는 선거비용의 증가와 선거관리부담 증가, 선택의 적실성, 동원투표로 인한 선거조작 등의 부작용이 나타날 가능성도 배제할 수 없다.

3. 대통령의 의회 해산권과 총리 국회 선출을 도입하여 견제와 균형 메커니즘 강화

현행 헌법상 "행정에 관하여 대통령의 명령을 받아"라는 문구가 총리의 권한과 역할을 제한하고 있다. 이 문구를 삭제하면 국무총리가 책임지고 행정각부를 통괄하도록 할 수 있다. 현행 헌법상 국무총리는 국회의 동의를 얻어 대통령이 임명한다. 이를 수정하여, 총리의 임명에 관하여 국회의 동의를 거치지 않고 국회에서 선출하여 대통령이 임명하는 방식을 고려할 필요가 있다. 국무총리를 국회에서 선출하도록 함으로써 행정부의 의회에 대한 책임을 강화하고, 분권형 대통령제에서 내치를 담당하는 국무총리의 지위에 부합하는 민주적 정당성을 강화할 수 있다.

대통령에게는 국가원수로서의 지위에서 국무총리에 대한 형식적 임명권을 부여하게 된다. 국무총리는 국회 선출을 거침으로써 국회의 신임에 기초하는 민주적 정당성을 확보하는 한편, 행정에 관하여 대통령의 명을 받지 않고서도 자율적으로 행정에 대한 통할권을 책임감 있게 행사할 수 있는 실질적 권한을 확보하게 된다. 이러한 분권형 대통령제에서는 평상시에는 대통령에게는 국군통수권 및 외교사절의 신임권, 조약체결권, 비상계엄권 등의 권한을 부여한다. 또한, 국회에서 선출된 국무총리에게 행정부 최고책임자의 권한으로서 행정부 통할권 및 법률안 제출권 및 예산편성권 등의 권리를 부여함으로써 대통령의 독점적 권한 행사를 견제하는 기능을 강화할 수 있다.

이와 더불어, 대통령에게 국회해산권 부여도 필요하다. 다만, 대통령이 독단적으로 의회해산권을 쓰는 것을 제한하기 위해 국회가 선출한 총리의 자문을 거치도록 한다. 국회해산권은 국회와 대통령 사이의 권력 균형을 위한 장치다. 이처럼 분권형 대통령제는 국가 원수인 대통령이 국민의 투표를 통해 선출되어 임기를 보장받아 안정성을 얻을 수 있는 동시에 대통령제가 범하기 쉬운 독재를 방지할 수 있다. 또한, 총리를 중심으로 책임정치 구현이 가능하며 대통령의 중재에 의해 내각과 의회의 대립이 해소될 수 있다.

6
국회의 행정부 견제 기능을 강화하여 민주주의 수평적 책임성 심화

현황과 쟁점

국회는 집단적 대표로서 국민의 일차적 대표자라는 위치에 선다. 이를 기반으로 국회는 국민을 대신하여 입법기능을 담당하며 정부의 권한행사에 대해서도 국민을 대표하여 정부 견제기능을 담당한다.

권력구조 면에서 대통령에 대한 권력집중이 가져오는 운영상의 폐해와 5년 단임제의 문제점으로 지적되고 있는 정치적 책임성의 약화, 승자독식으로 인한 권력투쟁의 심화 등으로 인한 국민적 통합의 저해 등과 같은 문제점들이 계속해서 제기되어 왔다. 현행 헌법에 따라 대통령은 정부와 여당을 통해 국회에 절대

적인 영향력을 행사하며, 헌법기관인 대법원장 및 대법관, 헌법재
판소장과 헌법재판관 등을 임명함으로써 사법부에도 막강한 영
향력을 행사하는 제왕적 대통령으로 불리고 있다. 이러한 문제점
을 해소하기 위해 삼권분립 원리에 충실한 권력배분 등을 통해
국가 시스템의 골격을 변경함으로써 헌법의 기본원리인 입헌주의
와 민주주의를 더욱 확고하게 구현할 때가 되었다는 것이다.

국회의 입법 기능이 제한적으로 작동하고 있다

의회가 일반적으로 입법부라고 불리는 만큼, 의회의 가장 기
본적인 기능은 입법기능이다. 우리 국회의 입법기능 수행은 시대
의 변화에 따라 다양한 변화를 보여왔다. 한때는 군사독재 하에
서 국회가 입법부로서의 제 기능을 수행하지 못했고, 그 결과 입
법부가 아니라 '통법부'라는 비판을 받기도 했다. 그러나 민주화
이후 국회의 위상이 점진적으로 회복되면서 국회의 입법기능 또
한 질적으로나 양적으로나 강화되는 모습을 보이고 있다. 특히,
최근 시민단체에 의한 국회의원의 의정활동 평가가 본격화 되고,
주요 정당에서 공천과정에 국회의원의 의정활동 평가 항목을 도
입함으로써 국회의 입법기능이 매우 활성화 되었다. 즉, 의원들이
법률안의 제출과 같은 의정활동에 과거에 비할 수 없는 적극성

을 보이고 있다.

우리 헌법은 정부에게도 법률안제출권을 부여하고 있다. 정부의 법률안제출권은 1948년 헌법제정 당시 의원내각제를 전제한 가운데 정부의 권한으로 도입된 것이었는데, 정부형태가 대통령제로 바뀐 이후에도 현재까지 계속 존치되고 있다. 정부로서는 법률안제출권이 매우 유용하다고 할 수 있다. 왜냐하면, 의원들의 도움 없이도 직접 정부에서 법률안을 작성하여 제출하거나 여당 의원들의 협조를 얻어서 법률안을 통과시키게 되면 정부가 사실상 입법을 주도하는 것이 가능해지기 때문이다.

국회의 정부 견제 기능이 제대로 작동하지 않는다

현행 헌법은 대통령제 정부형태를 취하고 있으므로, 국회의 정부 견제권은 매우 중요한 의미를 갖는다. 대통령제 하에서 의회와 정부(대통령)는 각기 별개의 선거에 의해 구성되기 때문에 그 활동에 있어서도 원칙적으로 독립성을 갖는다. 이에, 정부의 정책 집행이 의회의 의사와 무관하게 수행될 수 있는 가능성이 상대적으로 더 크기 때문에 의회에서 이를 통제할 필요성도 그만큼 더 커지는 것이다. 더욱이, 행정부의 인적, 물적 조직과 전문성이 입법부와 사법부를 압도하는 현상이 심화됨에 따라 이에 대한 효율적 대응을 위해 의회의 대정부 견제기능의 강화가 필요하다.

현행 대통령제를 운영하는 데 있어 나타나는 심각한 문제 중 하나는 국회의원선거에서 여당이 국회 내 소수당이 되는 경우, 여당과 야당, 정부와 야당 간의 대화와 설득을 통한 타협의 정치가 정착되지 못하고, 입법부와 행정부 간의 극심한 대립으로 국정운영이 어려움이 가중되는 사례가 지속적으로 벌어지는 데 있다. 뿐만 아니라, 여당이 단독으로 국회 내 다수당이 되는 경우에도 야당과의 대화와 타협의 정치가 무시되고 다수의 힘으로 일방적인 밀어붙이기식의 입법이 이루어진다는 것이다.

현행 헌법은 국회의 국정통제권을 다양한 형태로 구체화하고 있다. 국정감사 혹은 조사권을 비롯하여 정부의 활동에 대한 각종 동의권과 승인권, 그리고 행정부 구성원에 대한 인적 통제권 등을 구체적인 사례로 볼 수 있다. 국회의 국정통제권이 적절하고 효율적으로 행사되고 있지는 못하다. 국정감사의 경우, 감사기간에 비해 과다한 감사대상기관을 선정함으로써 대부분의 감사가 형식적인 것에 머무른다거나 중복감사의 문제, 폭로성 감사의 문제, 과도한 서류제출요구의 문제, 감사의 전문성 결여 문제 등 다양한 비판이 제기되고 있다. 또한, 국정조사권의 경우도 정치권 내부의 갈등으로 인하여 국정조사권 발동이 무산되는 예가 많기 때문에 그 실효성이 떨어지는 것도 사실이다.

우리 국회가 예산안의 심의, 의결을 통하여 정부의 정책집행에 대해 광범위하게 통제함으로써 행정부에 대한 국회의 간접적 통제 실효성을 높이고 있다. 그러한 재정통제기능이 형식화 되지 않고 실질적으로 기능할 수 있도록 제도적 개혁이 필요하다. 특히, 예산 및 결산에 대한 국회의 심사가 실질화 되어야 한다.

대응 방향

1. 정부의 법률안 제출권을 제한하고 국회의 입법 기능을 강화

87년 개헌과정이 국민의 권위주의 체제에 대한 저항을 바탕으로 급하게 이루어지다 보니 대통령에게 권력이 과도하게 집중되는 문제에 대한 심도 깊은 논의가 이루어지지 못했던 것도 사실이다. 현행 대통령제는 대통령에게 막강하고 광범위한 권한을 부여하는 반면, 국회의 견제기능은 상대적으로 미약하다. 특히, 대통령에 대한 실질적 통제장치는 탄핵 외에는 사실상 존재하지 않아, 헌법상 견제와 균형 원리가 제대로 작동하지 못하는 구조이다. 이처럼 승자가 모든 것을 갖게 되는 5년 단임 대통령제는 선거와 국회를 '사생결단의 대치현장'으로 만들었다. 대통령의 수족 역할을 하는 여당과 정권교체에 목을 맨 야당이 차기대선 승리를 위해 사생결단식 대결과 정쟁을 벌이는 것이 정치 일상이 되었다. 거의 대부분의 대통령이 임기 초에는 국민의 높은 기대와 지지를 받으며 출범하지만, 5년 임기를 마칠 때가 되면 국민의 지지로부터 멀어져 초라한 종말을 맞이하는 것이 우리의 반복되는 현실이 되고 말았다.

과거 오랜 기간 법률안의 작성을 담당해온 법제처의 노하우가 활용된 결과 임기 4년의 국회의원들이 발의한 법률안보다 정부가 제출한 법률안이 훨씬 완성도가 높다는 평가도 존재한다. 그러나, 정부의 법률안제출권은 국회의 입법권을 약화시킬 우려가 있다. 예를 들어, 소관부처의 의견이 반영된 법률안의 경우, 중요한 사항을 시행령에 위임함으로써 법률이 국회를 통과한 이후 실질적 내용은 정부가 주도하는 시행령에 의해 결정된다는 우려가 제기된다.

따라서, 국회가 입법에 대한 책임과 권한을 가지고 있음을 분명히 밝힐 필요가 있다. 국회에서 제정된 법률이 행정입법을 통해 사실상 유명무실화 되는 일이 발생하지 않도록 충분한 통제장치가 마련되어야 할 것이다. 예를 들어, 모법과 행정입법(위임명령이나 집행명령)의 관계가 분명하게 정립되어야 하며, 모법의 제정 주체인 국회가 모법에 근거하여 제정된 행정입법의 내용에 대해 충분히 통제할 수 있는 제도적 장치가 마련되어야 할 것이다.

이와 더불어, 국회의원의 특권으로 받아들여지는 불체포특권을 폐지하고 면책특권에도 제한을 둘 필요가 있다. 국회의원에 대한 국민소환제 도입도 논의될 필요가 있다.

2. 국회의 행정부 견제 권한을 명확히 하고 확대

87년 체제가 정치과정의 갈등을 초래하고 국민의 목소리를 제대로 반영하지 못한다는 비판에 직면한 이유가 단지 정부형태에 있다고 보기는 어렵다. 대통령제라는 정부형태보다 과도한 중앙집권체제와 상대적으로 강력한 행정부에 대하여 효과적인 견제가 작동하지 못하고 있기 때문이다. 현행 권력구조의 운용과정에서 나타난 제왕적 대통령의 출현, 민주화가 진행됨에 따라 통합형 대통령에서 소수파 대통령으로 전환, 여소야대의 분점정부가 지속적으로 출현한다는 점 등에 대한 평가와 개선 방안의 모색이 필요하다.

정부 활동에 대한 국회의 각종 동의권, 승인권은 실질적인 구속력이 있기 때문에 국정통제의 효과가 높은 편이다. 다만, 대통령의 일반사면에 대해 국회의 동의를 받아야 함에도 불구하고 대통령이 특별사면의 형식을 이용하는 것에 대해서 국회가 실질적으로 통제를 가하지 못하는 것은 문제점으로 지적되고 있다. 또한, 행정부 구성원에 대한 인적 통제에 있어서는 국무총리나 감사원장의 경우 국회가 임명동의권을 보유함으로써 대통령의 인사권 자체를 통제할 수 있다. 국회의 대 행정부 견제를 위해 임명동의권을 확대할 필요가 있다.

3. 국회의 재정통제기능을 명확히 하고 효율화해야

우선, 예산법률주의를 도입해야 한다. 대부분의 선진국들이 채택하고 있는데 비해 우리는 예산특별형식주의를 채택하고 있다. 예산법률주의 채택을 통해 예산의 규범적 효력을 강화할 필요가 있다.

둘째, 현재 특별위원회로 구성되고 있는 국회의 예산결산위원회를 상임위원회로 바꿔야 한다. 이를 통하여 소속 의원들의 임기도 2년으로 연장하고, 상시적인 예산 및 결산에 대한 통제가 가능하도록 개선해야 한다.

셋째, 의원들의 예산 및 결산에 대한 통제를 지원할 수 있는 회계전문인력이 다수 필요하다. 이와 관련하여 현재 대통령 소속으로 헌법상 정해져 있는 감사원의 국회 소속 또는 독립기관으로 변경하는 것도 하나의 대안으로 검토할 필요가 있다. 미국이나 영국은 감사원을 의회 조직으로 두고 있다.

　마지막으로, 국회가 국가의 재정이나 국민경제에 중대한 영향을 미칠 수 있는 조약 등에 대한 심사를 실질화 할 필요가 있다. 타국과의 조약 체결에 대하여 국회가 동의권을 갖는다는 것이 실질적 통제에 어떻게 활용될 수 있는지에 대해서도 논의가 필요하다. 현행헌법 제60조 제1항은 "국회는 상호원조 또는 안전보장에 관한 조약, 중요한 국제조직에 관한 조약, 우호통상항해조약, 주권의 제약에 관한 조약, 강화조약, 국가나 국민에게 중대한 재정적 부담을 지우는 조약 또는 입법사항에 관한 조약의 체결·비준에 대한 동의권을 가진다"라고 규정하고 있다. 이에 대해 헌법 개정을 통하여 이 조항에 "조약의 체결과 관련한 협상이 길어질 경우 정부는 3월 단위로 진행과정에 대해 국회에 보고하여야 하며, 국회는 필요에 따라 수시로 보고를 요청할 수 있다"는 문장을 추가한다면 국회의 동의권이 좀 더 효과적일 수 있다.

7
대법관과 헌재 재판관 임명
투명성 강화로 사법부 독립성 심화

현황과 쟁점

현행헌법에 포함된 주요 국가권력 가운데 사법권과 헌법재판
권은 원칙적으로 법적 분쟁이 발생하고 그 분쟁이나 분쟁의 해
결에 직접 혹은 간접으로 관여하는 자들이 소송이나 심판을 제
기한 경우에 소극적으로 발동되는 수동적 권력이라는 한계가 있
다. 그러나 사법권은 헌법을 정점으로 하는 법체계를 해석하고
법적 분쟁에 적용하여 법질서를 수호하는 중요한 국가권력으로
서 입법권과 행정권을 최종적으로 통제하는 기능을 가진다는 점
에서 매우 중요한 권력이다.

대법원장의 막강한 권력과 대법원의 폐쇄성 문제

사법부에 대한 한국 헌정사를 살펴보면, 우리 사법부가 권위주의 시대를 거치면서 독재 권력에 대한 사법전문가의 종속 혹은 협력관계를 강화하여 자유민주주의를 강화하기는커녕 오히려 압박하는 체제로 수립된 측면이 강한 것도 사실이다. 예를 들어, 합의제 정신을 살리지 못하도록 과도하게 대법원장에게 집중된 권한들, 다른 헌법기관의 구성에 대법원이라는 기관의 대표성이 아니라 대법원장의 지위에서 관여하도록 된 규정들, 전문성의 원리에 과도하게 집중하여 사법정책의 최고결정기구이자 집행가관으로서의 대법원의 폐쇄성을 초래할 수 있는 헌법의 법문들, 민주적 정당성을 확보하기에는 미흡한 구성방법, 국민의 참여에 대한 배려가 부족한 사법제도, 사법권력의 독립을 본질적으로 저해할 수 있는 사법의 관료화와 중앙집권화를 촉진하는 제도들이 그러하다.

대법원은 헌법재판소와 함께 우리 사법부를 이루는 양대 최고법원이다. 대법원은 일부 헌법재판을 제외한 모든 종류의 사건에 대해 관할권을 지닌 법원 조직의 상고심을 관할하고 있다. 대법원은 수장인 대법원장 1인과 대법관 13인, 그리고 이들의 업무를 지원하는 재판연구관을 두고 있다. 전원합의체에서 판결하는 것이 원칙이나 4인으로 구성된 소부에서 합의가 이루어졌다면 전원합의체로 사건이 넘어가지 않을 수 있다. 전원합의체 판결이 아니면 대법원장은 재판에 참여하지 않으며, 대법원장과 법원행정처장을 제외한 나머지 12인의 대법관이 4인씩 3개 소부로 나뉘어 각각 재판을 진행한다. 대법원장의 임기는 6년이며 중임할 수 없고 대법관의 임기는 6년이며 연임할 수 있다. 대법원장은 국회의 동의를 거쳐 대통령이 임명하고, 대법관은 대법관후보추천위원회의 심사 및 추천을 거친 대법관후보 중에서 대법원장이 제청한 자를 국회의 동의를 거쳐 대통령이 임명한다.

증가하는 '정치 사법화' 문제를 마주하는 헌법재판소의 정치화

위헌법률심판이나 헌법소원 등에 기초한 헌법재판권에 의하여 입법의 효력이 제한되거나 무효가 될 수도 있다는 점에서 사법에 의한 입법의 통제는 자유민주주의의 핵심적인 요소이다. 행정권도 법률에 합치되는 행정이 이루어졌는지에 대하여 사법권력에 의한 심사를 받아 위헌·위법의 행위는 물론 부당한 행위까지도 무효가 되거나 취소될 수 있다. 이에, 사법부의 기능 활성화는 입법권과 행정권에 대한 중요한 견제기제로 작동할 수 있다. 최근 국가의 중요한 정책결정이 정치과정이 아니라 사법과정으로 해소되는 현상으로서의 '정치 사법화'가 헌정운영의 주요한 문제로 부상하고 있다. 이러한 상황에서 사법에 의한 국가권력통제 기능의 발전은 입헌민주주의 심화에 중요한 기반이 될 수 있다.

헌법재판소는 9명의 재판관으로 구성된 합의제기관이다. 헌법재판관 9명은 삼권분립의 이념에 따라 대통령이 3명, 국회에서 선출하는 3명, 그리고 대법원장이 지명하는 3명을 임명하고 그중 한 명을 헌재소장으로 임명한다. 이 중 대통령 지명 3인 재판관 후보자와 대법원장 지명 3인 재판관 후보자는 임명 전에 국회의 인사청문회를 거친다. 국회 인사청문절차는 임명동의 표결이 아니기 때문에 국회의 인사청문보고서 결과에 상관없이 임명이 가능하다.

국회에서 선출하는 재판관 후보자 3인의 선출과정에 대한 별다른 규정이 없다. 여야 각각 1명씩 추천, 나머지 1명은 여야 합의 추천이 관례이긴 하나, 국회가 합의를 이루지 못하면 재판관 선출 절차가 지연되어 헌재가 마비 상태에 빠질 수밖에 없다. 헌법재판소의 경우 재판관으로 구성된 재판부에서 "재판관 7명 이상의 출석으로 사건을 심리한다"(헌재법 제23조 제1항)라고만 규정하고 있다. 독일 연방헌법재판소의 경우, 합의를 거쳐 연방의회 투표의 재적 3분의 2로 헌법재판관을 뽑도록 하고 있다.

현행헌법에 따라 대통령, 국회 및 대법원장이 각각 3인씩 임명에 관여하게 하는 제도는 형식적으로는 권력분립의 원칙에 충실한 것으로 보일 수 있으나 실질적으로는 민주적 정당성의 원리나 사회적 다원성을 충족시키지 못하는 방향으로 헌법재판소를 구성하게 된다는 비판이 제기되어 왔다. 구조적으로 대통령과 여당에게 부가적인 우월성을 부여할 수 있기 때문이다. 더욱이, 대법원장도 대통령과 국회다수파의 결합에 의해 임명되는 상황에서 특정 정파에 선출권이 더 집중될 가능성이 열려있다.

대법원장이 3인의 지명권을 가지는 것에 대해서도 비판이 제기될 수 있다. 정치적 중립성과 전문성의 원리를 강화한 헌법재판관의 구성을 위하여 사법부가 관여가 필요하지만, 그 결정권을 사법부의 합의적 결정이 아닌 대법원장 1인의 결정권으로 규정한 것은 그 취지에 부합하지 않는다.

위헌심사권을 보유한 대법원과 헌법재판소의 사법 정당성 불투명

현행 헌법 제107조 제2항은 명령, 규칙, 처분의 위헌심사권을 대법원에 부여하는 것으로 규정하고 있다. 법률에 대한 위헌심사권을 헌재에 부여하면서 그 하위규범에 대한 위헌심사권을 대법원에 부여함으로써 두 기관의 헌법해석의 차이에 따라 충돌이 발생할 수 있는 여지가 있다. 특히, 현행 제도는 재판소원을 금지하고 있기 때문에 헌재 결정의 기속력이 확보되지 않는 문제, 헌재의 규범통제의 실질성이 감소하는 문제가 제기될 수 있다.

대응 방향

1. 대법관 임명 절차 투명성 강화로 사법부 독립성 심화

대법관을 대법원장의 제청으로 임명하게 하는 것은 합의제기관인 대법원에 대법원장의 우월적 지위를 구조화하는 결과로 이어져 사법권의 독립을 저해할 가능성이 높다. 최고사법기관인 대법원이 합의제여야 하는 이유는 사법권력 구성원리로서 민주적 정당성의 원칙을 존중하고 사회적 다원성을 반영하는 합리적인 사법작용을 통해 사법부의 독립성을 보호해야 하기 때문이다. 이에, 대법원장의 대법관제청권을 폐지하고 대법관후보추천위원회 구성원을 좀 더 다양화하고 투명성을 강화해 위원회 심사 및 추천을 거친 대법관 후보를 국회의 동의를 거쳐 대통령이 임명하는 것을 고려할 필요가 있다.

2. 헌법재판관 임명 절차의 투명성 강화로 사법부 독립성 심화

헌법재판소 재판관 구성도 대법관 구성처럼 재판관 전원에 대한 국회의 임명동의권 제도를 도입할 필요가 있다. 다만, 사법부의 관여를 인정해온 제도적 연속성을 확보한다는 차원에서 사법부의 3분의 1 관여권을 유지하되 대법원장이 아닌 대법관회의를 통해 지명하도록 하거나 고위 법관 경력자로 자격을 제한하는 것을 검토해 볼 필요가 있다.

헌법 제113조 제1항이 법률의 위헌결정, 탄핵결정, 정당해산 결정, 헌법소원 인용결정에서 재판관 6인의 찬성을 결정정족수로 요구하고 있는 것도 헌재 구성에 관한 보충적 규정의 필요성을 제기한다. 왜냐하면 재판관의 결원이 생기는 경우 결원은 곧 위헌결정 등 엄격한 결정정족수를 요구하는 규정에 따라 주요한 헌재결정에 반대표를 표시하는 것으로 당연히 간주되기 때문이다. 결원인 재판관이 보충되었더라면 위헌으로 결정될 수 있는 법률이 유지되고 탄핵될 수 있는 공무원의 직이 유지되는 등 헌정의 정당성 유지에 심각한 문제를 야기할 수 있으므로 재판관결원의 보충을 위한 제도가 필요하다.

3. 대법원과 헌법재판소의 권한배분 재조정

명령, 규칙 등의 위헌심사권도 헌재에 위헌재청하여 처리하는 방안, 재판소원을 인정하여 실질적으로 대법원과 헌재의 관계에서 헌재의 최종적 심판권을 부여함으로써 문제를 해결하는 방안 등이 제시될 수 있다.

현행법제상 선거재판은 공직선거법상 법원의 관할로 되어 있다. 사법권력을 이원화하면서 탄핵심판, 권한쟁의심판, 위헌정당해산심판 등 정치적으로 민감한 사안을 헌재의 관할로 하고 있는 기본체제상 정치적으로 민감한 분쟁의 해결이라는 성격이 강한 선거재판이나 국민투표재판을 헌법재판소로 이관하여 일반 사법권을 관할하는 법원의 정치적 부담을 축소할 필요가 있다.

8

다양성과 포용성, 분권화를 강화하는 정치개혁

현황과 쟁점

승자독식과 위성정당 문제를 보유한 국회의원 선거제도

국회는 여야 간 갈등 끝에 지난 22대 총선에서 '준연동형 비례대표제'를 유지했다. 준연동형 비례대표제는 2020년 제21대 총선에서 도입되어 이번 총선은 이 제도로 치러진 두 번째 선거였다. 제22대 국회의원선거 결과 양당제가 강화되었고, 득표율과 의석점유율 간의 불비례성이 높아졌다. 이는 위성정당을 통한 준연동형 비례대표제의 무력화와 비례대표선거에만 후보를 추천하는 정당들의 증가로 초래된 결과였다. 이처럼 준연동형 비례대표제의 문제점과 한계가 제21대와 제22대 총선에서도 나타난 만큼 선거제도 개선에 대한 논의가 필요하다.

제21대 국회는 여야 합의로 2023년 4월 10일부터 나흘간 전원위원회를 개최해 선거제 개편을 논의했으나 합의에 이르지 못했다. 당시 이루어졌던 선거제도 개편 논의는 현행 준연동형 비례대표제의 개선에 국한되지 않고, 도농복합형 중대선거구제 도입, 권역별 비례대표제, 전면 비례대표제, 개방형 명부제 등 다양한 대안이 제시되었다.

선거구획정 이슈도 선거제도 개혁 대상 중 하나다. 현행 『공직선거법』에 따르면 선거일로 18개월 전에 설치되는 국회의원선거구획정위원회(획정위)는 선거일 13개월 전에 획정안을 국회에 제출하면 소관 위원회 심의를 거쳐 선거일 1년 전에 선거구역을 확정하게 된다. 하지만, 매번 선거에서 법에 따라 정해진 시점까지 선거구가 정해지지 못했다. 이번 제22대 총선 지역선거구도 선거일 41일 앞두고 정해졌다. 이에 따라 선거구역이 불확실한 상태에서 각 당의 후보자 공천이 이뤄졌고, 당내 경선과 본선의 지역구가 달라지는 사태가 벌어지게 되었다. 두 달이 넘도록 선거구획정안을 놓고 국민의힘과 더불어민주당 간 줄다리가 이어지다가 결국에는 지역구 의석수를 하나 늘리는 대신 비례대표 의석수를 줄이고 전북의 지역구 의석수는 유지하는 선에서 양당 간 타협에 이르게 되었다. 이 과정에 소수정당 소속 의원은 비례대표 의석

감소에 대해 강하게 반발하였다.

지나치게 중앙집권적 의사결정이 제도화 된 정당

한국의 주요 정당들은 당내 소수에 권력집중과 유력계파들에 의한 패권적 지배구조를 기반으로 한 동원정치와 하향식 의사결정 과정 등의 비판에 직면하고 있다. 예를 들어, 당내 의사결정이 주로 중진 현역의원 위주의 중앙당 운영을 중심으로 이루어지며, 시·도당은 중앙당 결정에 따라 운영되는 구조를 갖추고 있다. 이러한 의사결정 구조는 당내 중진의원들의 지배적 영향력 아래 공천과정은 불투명하게 만들 뿐 아니라, 일반 당원이나 유권자와의 긴밀한 소통을 어렵게 한다. 더욱이, 주요 쟁점이나 분당, 합당과 같은 주요 사안이 중앙집권적으로 결정되기 때문에, 당원을 포함한 정당의 정치적 생존이 중진의원을 중심으로 한 현역의원들의 이해관계에 달려있다.

또한 정당의 핵심 기능 중 하나인 공천 제도는 계파들의 공천 독과점, 밀실 공천 등으로 의원들의 줄세우기에 악용되어왔다. 현행 공천 제도를 개혁하지 않는다면 현재의 정당정치도 개선되기 어려울 것이다.

40세 이하 청년의원 비율(4.7%)은 전세계 126위

한국은 청년 대표성이 매우 낮은 국가로 제22대 총선에서는 2030 청년의원 14명(4.7%)이 당선되었다. 2024년 총선 당시 40세 미만 유권자가 전체 유권자의 31%라는 점에 비추어볼 때 청년층 유권자 수 대비 의원 비율은 매우 낮은 편이다. 제21대 총선에서도 당선된 2030 청년의원은 13명(4.3%)이었으며 당시 40세 미만 유권자가 전체 유권자 수의 33.8%였다. 국제의원연맹 자료에 따르면, 한국은 2024년 기준 40세 이하 청년의원 비율이 5%에도 미치지 못해 전체 180개국 가운데 126위를 차지하고 있다. 비례대표제를 채택하고 있는 북유럽 국가들은 청년의원 비율이 전체 의원의 30%에 달하며, 프랑스(23.2%), 영국(21.7%), 독일(11.6%), 미국(11.5%), 일본(8.4%) 등 주요국과 비교하더라도 한국의 청년 대표성은 매우 낮다.

반면, 2030세대 의원이 10%가 넘는 지방의회에선 청년 정치인들이 서로 연대하고, 조직을 만들고, 중앙당에 의견을 적극 개진하는 모습을 보이고 있다. 2022년 제8회 지방선거에서 당선된 2030세대 의원은 416명으로 제7회 지방선거(238명)보다 178명이나 늘었다. 전체 당선인 중 2030세대가 차지하는 비율은 7대 지방의회의 5.9%에서 10.1%로 상승해, 2030세대 국회의원이 차지하는 비율의 두 배가 넘는다. 이처럼 지방의회 청년 의원 수가 많아지자 국민의힘은 '전국청년지방의원협의회'를 출범시켰다. 국민의힘 소속인 만 45세 미만 청년 지방의원 310명이 참여하는 전국 조직이다. 협의체가 꾸려지자 중앙당에서도 이들의 의사와 활동은 존중해주기 시작했다.

대응 방향

1. 중·대선구제를 도입해 승자독식을 완화하고 위성정당 출현을 방지하자

선거제도 개선은 득표와 의석 간 불비례성을 줄이고 위성정당 선거 참여 문제를 방지하는 방향으로 이루어져야 한다. 총선에서 불비례성을 초래하는 것은 국회의원 300명 중 254명을 선출하는 지역선거구의 소선거구제 때문이다. 제22대 총선에서 지역구선거에 693명이 입후보하여 경쟁률은 2.73:1을 기록했다. 이는 현행 소선구제를 도입한 제13대 총선 이후 가장 낮은 경쟁률이다. 지역구선거에 양당 간 경쟁구도로 굳어짐에 따라 제21대 총선에 비해 의석은 1개 늘었음에도 불구하고 입후보자는 400여 명 감소했다.

소선거구제를 도입한 지역구선거에서는 특정 정당이 적은 표차로 획득한 의석수가 많을수록 불비례성은 높아진다. 지역선거구 불비례성은 제20대 총선 이후 크게 높아졌다. 이러한 경향은 아래 표에 잘 나타나 있다. 불비례성 증대를 확인하기 위해 지역구선거를 대상으로 각 정당의 의석률을 득표율로 나눈 이득률을 계산해 보았다. 의석이 많은 정당일수록 이득률도 높은 것으로

제19대 총선 이후 지역구선거 정당별 이득률

국회	정당(지역구 의석수)	이득률
19대 (2012년)	새누리당(127)	1.193
	민주통합당(106)	1.138
	자유선진당(3)	0.554
	통합진보당(7)	0.475
20대 (2016년)	더불어민주당(110)	1.175
	새누리당(105)	1.083
	국민의당(25)	0.665
	정의당(2)	0.48
21대 (2020년)	더불어민주당(163)	1.291
	미래통합당(84)	0.801
	정의당(1)	0.231
22대 (2024년)	더불어민주당(161)	1.256
	국민의힘(90)	0.786
	개혁신당(1)	0.597
	새로운미래(1)	0.579

주: 이득률은 의석률/득표율
자료: 중앙선거관리위원회

나타난다. 특히, 양대 정당을 비교하면 최근 3개 총선에서 모두 더불어민주당이 1보다 높은 이득률을 보였고, 국민의힘 계열 정당은 점차 줄어 1보다 적어 혜택을 보지 못한 것으로 나타났다. 수도권의 지역구선거를 석권하여 1당의 지위를 차지한 정당이 상당한 이득률을 보였다.

총선에 위성정당 출현과 관련해 지역구선거에서 후보자를 추천하지 않고 비례대표선거에만 참여한 정당이 제20대 총선 당시 4개에 불과했으나, 제22대 총선에서는 20개, 제22대 총선에서는 24개까지 늘어났다. 준연동형 도입 이후 양대 정당이 만든 위성정당을 비롯하여 유권자의 분할투표를 통해 의석 확보를 도모하는 소수정당이 다수 참여하게 되었다. 또한, 2020년 3월 『공직선거법』 개정으로 비례대표 후보자의 기탁금이 1,500만원에서 500만원으로 대폭 낮아진 것도 영향을 미쳤다.

이에 대한 해결방안으로 정수 조정을 통한 비례대표 의석 확대, 권역별 비례대표제 도입을 통한 지역균열 완화하는 방안도 고려할 수 있다. 소선거구제의 단점을 보완하기 위해 중·대선거구제를 도입하는 것도 고려할 수 있다. 지역구에서 유권자가 1인 1표만을 행사하는 대신 2표 이상을 행사해 한 선거구에서 2명 이상의 당선자를 내는 중·대선거구제는 사표를 줄이고 지역 구도를 재편할 수 있는 장점도 갖고 있다.

2. 지구당을 부활시키고 시민정치교육을
정당이 주도한다

정당 운영이 중앙당 중심이 아닌 시·도당의 강화를 통한 정당의 분권화가 필요하다. 우리 정당들은 계파 간 이익 담합의 공간으로 비판받고 있다. 당원과 유권자가 참여할 수 있는 다양한 형식의 소통 공간으로 정당이 거듭나야 할 것이다. 이를 위해 과거 '지구당'과 같은 지역뿌리 조직의 부활을 통해 지역 당원들이 자율적으로 조직하고 운영할 수 있도록 해야 한다. 이를 통해 정당이 지역사회 공동의 문제를 해결하고 지역 내 민의를 수렴하는 조직으로 기능할 수 있어야 한다. 이처럼 정당의 지역 조직이 공통의 의견을 보유한 유권자들을 다층적으로 연결하는 매개 기능을 수행하고 이를 중앙당에 전달하는 등 핵심적인 풀뿌리 조직으로 기능할 때 정당 민주화에 기여하는 역할을 담당할 수 있다. 이와 더불어, 공천권을 당원과 유권자에게 돌려주는 상향식 공천 제도가 법제화되어야 하며, 비례대표 명부 작성도 상향식으로 제도화되어야 한다.

정당법을 비롯한 각종 정치제도가 정당에 가하는 제도적 규제를 풀어 정당에게 정치 활동의 자유를 확대해야 한다. 현행 정당법은 정당의 조직부터 각종 운영까지 세세히 규정하고 있기 때문에, 그 범주 내에서 정당이 운영되어야만 한다. 이러한 제도적 제약은 정치적 비전과 방향을 가지고 정치 활동을 하여야 할 정당이 유권자로부터 멀어지게 만들고 내부 구성원, 특히 현역의원들의 영향력을 강하게 함으로써 정당개혁을 위한 노력에 역행하는 결과를 가져올 수 있다.

정당정치가 활발한 서구 사회처럼 우리 정당도 시민정치교육을 담당할 필요가 있다. 시민정치교육이란, 현대 대의민주주의에서 시민들이 정치에 참여할 수 있도록 정치 지식, 기술 등을 가르치거나 시민, 그리고 공동체를 지향하는 시민으로 육성하기 위한 교육으로 정의된다. 시민정치교육은 일반적인 교육과정이나 정당 혹은 시민단체가 제공하는 프로그램을 통해 이루어지기도 한다. 정당이 시민정치교육을 수행함으로써, 정당 내적으로 정책정당으로의 발전을 꾀할 수 있다. 정당은 시민정치교육 프로그램을 개발하면서 그 교육과정에서 논의되는 내용을 토대로 정책대안들을 개발하고 발전시킬 기회를 갖는다. 또한, 정당은 시민정치교육을 통해 시민들의 정치 참여를 확대하는 역할도 수행할 수 있다. 이처럼 정당의 시민정치교육은 정당 밖에서 관찰자에 머무는 시민들을 정당으로 흡수하는 계기가 될 뿐 아니라 장기적으로 정치 참여 확대와 정당에 대한 지지 강화에도 기여할 수 있다.

3. 국회와 지방선거에 청년 할당제를 도입하자

청년의 정치참여를 활성화하기 위한 첫 번째 방안은 정당의 역할을 강화하는 것이다. 우리는 이미 2022년 1월 정당법을 개정하여 정당 가입 가능 연령이 만 18세 이상에서 만 16세 이상으로 바뀌었다. 정당을 통한 정치경험이 확대될 수 있는 법적 여건은 이미 마련되어 있다. 우리 청년들이 고등학생 때부터 본인이 원하면 정당에 가입해 정당 활동을 통한 정치 참여를 경험할 수 있다. 정당정치가 발달한 영국이나 독일, 프랑스 등에서는 정당 가입 연령을 정당이 자율적으로 결정하고 있으며, 14~16세의 청소년기부터 정당 활동을 통해 정치에 대한 관심과 참여를 높이고 있다. 다만, 현행 선거법은 선거운동 연령 기준을 만 18세로 제한하고 있어, 16~17세 청년들은 정당가입은 가능함에도 불구하고 선거운동에는 참여할 수 없다. 이러한 불일치를 해소하기 위해 선거운동 연령 하향을 고려할 필요가 있다.

정당이 청년 정치인 교육 및 발굴 시스템을 갖추도록 함으로써 정당을 통한 청년의 정치참여를 확대하고 이를 제도적으로 지원할 필요가 있다. 이를 위해 우리 선거법은 정당에게 청년추천보조금을 지급할 수 있는 제도를 도입했다. 다만, 청년추천보조금을 지급 받기 위한 최소 요건으로 '지역구 10% 이상 청년 공천'을 두고 있다. 제22대 총선에서 정당에 지급되는 청년추천보조금은 '0'원이었다. 전체 지역구 총수의 10% 이상이 39세 이하 청년 후보라는 최소 기준을 충족하려면 26명 이상의 청년 후보를 공천해야 하는데 이에 해당하는 정당이 없었기 때문이다. 국민의힘의 39세 이하 청년 후보는 11명(4.3%), 더불어민주당은 9명(3.7%)에 그쳤다. 따라서, 정당이 실질적으로 청년 정치인을 발굴하기 위해 주요 정당의 공천방식을 수정하거나 소수 정당에게 지나치게 높은 지급 기준을 완화할 필요가 있다.

마지막으로, 청년에게 불리한 선거제도 환경을 개선함으로써 국회와 지방의회에서 청년 정치대표성을 높일 수 있다. 우선, 청년 할당제를 도입함으로써 국회와 지방의회에서 청년의 대표성을 높일 수 있다. 총선과 지방선거에서 지역구선거는 후보자의 10%를 청년으로 추천하도록 의무화하고 비례대표선거에서 20% 청년할당을 의무화하는 방안도 고려할 필요가 있다. 또한, 경제기반이 취약한 청년층의 선거참여를 독려하기 위해 청년 후보의 선거 기탁금 기준을 낮추고 청년후보를 추천하는 정당에게 지원하는 보조금이 실질적으로 작동할 수 있도록 하는 방안이 논의되어야 한다.

UP! KOREA 업! 코리아

초판 1쇄 인쇄 2025년 5월 12일
초판 1쇄 발행 2025년 5월 18일

지은이 홍용표, 한준, 조원빈, 신범철, 박지영, 민세진
발행인 전익균

이사 정정오, 윤종옥, 김기충
기획 조양제
편집 김혜선, 전민서, 백서연
디자인 페이지제로
관리 이지현, 김영진
유통 새빛북스

펴낸곳 도서출판 새빛
전화 (02) 2203-1996, (031) 427-4399 **팩스** (050) 4328-4393
출판문의 및 원고투고 이메일 svcoms@naver.com
등록번호 제215-92-61832호 **등록일자** 2010. 7. 12

값 20,000원
ISBN 979-11-94885-02-3 03300